北欧生まれのおもてなしサンドイッチ

ケーキイッチ

日本サンドイッチ協会

PARCO出版

Introduction
はじめに

「ケーイッチ」とは、「ケーキのようにデコレーションしたサンドイッチ」のこと。北欧の家庭では、古くから特別な日のおもてなし料理としてケーキのようなサンドイッチ（スウェーデン語で「スモーガストルタ」）が出されるそうです。私達はこれに独自のアレンジを加え、新しいおもてなしサンドイッチのレシピを考案、「ケーイッチ」と名づけました。

　食事代わりになるものもあれば、デザートとして楽しめるものもあり、形や大きさ、味もさまざまなバリエーションがあります。美しくデコレーションされた外見で場が華やかになるだけでなく、日頃食べ慣れているサンドイッチとはまた違った美味しさが楽しめるのも「ケーイッチ」の魅力です。

　私は、かつてサンドイッチの本場、英国で暮らしていました。そこで、世界には日本ではまだあまり知られていない美味しいサンドイッチが数多くあることに気づきました。帰国後、サンドイッチの魅力、楽しみ方をもっと広めたいという気持ちが高まり、英国で出会ったメンバーとともに日本サンドイッチ協会を設立しました。協会では現在、「ケーイッチのクッキングレッスン」のほか、協会認定「ケーイッチインストラクター養成講座」も開催しています。今後はさらに、英国をはじめとする世界のサンドイッチのご紹介や、新しいサンドイッチの楽しみ方を提案していく活動も行っていく予定です。

　読者の皆様には、この本の中からお気に入りの「ケーイッチ」レシピを見つけて、ぜひおもてなし料理のレパートリーに加えていただけたらと思います。お祝いランチやホームパーティーなど、いろいろな場面で役立つことでしょう。「ケーイッチ」は作るのも食べるのも両方楽しめる新感覚のサンドイッチです。私達と一緒にサンドイッチの新しい楽しみ方を広めていきましょう！

一般社団法人 日本サンドイッチ協会　会長
memi

Contents
もくじ

ケーキイッチの作り方 6
デコレーションクリーム7種のレシピ 8
道具 10
ケーキイッチのきまり 12

◆◆◆
Part 1
Meal Cakewich

14
Cottage Pie Cakewich
コテージパイ ケーキイッチ

16
Coronation Chicken Cakewich
コロネーションチキン ケーキイッチ

18
Fish & Chips Cakewich
フィッシュ&チップス ケーキイッチ

20
Roast Beef Cakewich
ローストビーフ ケーキイッチ

22
Apple & Stilton Cakewich
アップル&スティルトン ケーキイッチ

24
Vegetarian Salad Cakewich
ベジタリアンサラダ ケーキイッチ

26
Caprese Cakewich
カプレーゼ ケーキイッチ

28
Mimosa Cakewich
ミモザ ケーキイッチ

30
Prosciutto & Fig Cakewich
プロシュート&フィグ ケーキイッチ

32
German's Cakewich
ジャーマンズ ケーキイッチ

34
Zebra Cakewich
ゼブラ ケーキイッチ

36
Salmon Tartare & Avocado Cakewich
サーモンタルタル&アボカド ケーキイッチ

39 *Arrange*
Xmas Decoration
クリスマスデコレーションアレンジ

40
Shrimp & Tuna & Egg Cakewich
シュリンプ&ツナ&エッグ ケーキイッチ

42
Hummus Cakewich
フムス ケーキイッチ

44
Beets & Feta Cheese Cakewich
ビーツ&フェタチーズ ケーキイッチ

45
Taramosalata Cakewich
タラモサラタ ケーキイッチ

48
Keema Curry Cakewich
キーマカレー ケーキイッチ

50
Spicy Asian Chicken Cakewich
スパイシーアジアンチキン ケーキイッチ

52
Hawaiian Cakewich
ハワイアン ケーキイッチ

54
Crispy Bacon & Blueberry Cakewich
クリスピーベーコン＆ブルーベリー ケーキイッチ

56
Clam Chowder Cakewich
クラムチャウダー ケーキイッチ

58
Barbecue Pork Cakewich
バーベキューポーク ケーキイッチ

60
Super B.L.T. Cakewich
スーパーB.L.T. ケーキイッチ

61
Creamed Spinach & Mushrooms Cakewich
クリームド・スピナッチ＆マッシュルーム ケーキイッチ

64
Mexican Cakewich
メキシカン ケーキイッチ

66
Cupcake Style Cakewich
カップケーキスタイル ケーキイッチ

68
Ham & Cheese Cakewich
ハム＆チーズ ケーキイッチ

70 Arrange
Bouquet
ブーケアレンジ

◆◆◆

Part 2
Sweet Cakewich

72
Marmalade & Earl Grey Cakewich
マーマレード＆アールグレイ ケーキイッチ

74
Banoffee Pie Cakewich
バノフィーパイ ケーキイッチ

76
Spicy Nuts Cakewich
スパイシーナッツ ケーキイッチ

77
Lemon Cakewich
レモン ケーキイッチ

80
Chocolate Spread & Banana Cakewich
チョコレートスプレッド＆バナナ ケーキイッチ

82
Tiramisu Cakewich
ティラミス ケーキイッチ

84
Dark Cherry Cakewich
ダークチェリー ケーキイッチ

86
Orange & Grapefruits Cakewich
オレンジ＆グレープフルーツ ケーキイッチ

88
Granola Berry Cakewich
グラノーラベリー ケーキイッチ

90
Cookie & Cream Cakewich
クッキー＆クリーム ケーキイッチ

92
Green Tea & Azuki Beans Cakewich
グリーンティー＆あずき ケーキイッチ

94
Piña Colada Cakewich
ピニャ・コラーダ ケーキイッチ

Basic

How to Make Cakewich
ケーイッチの作り方

ケーキイッチの基本的な作り方の流れを紹介します。詳しい説明は各レシピでは省略してありますので、作り始める前に必ず読んで覚えておきましょう。

下準備
〚 ポマードバターを作る 〛

ポマードバターとは、常温に戻したバター（食塩不使用）をヘラで練り、なめらかなクリーム状にしたもの（ポマードとは、フランス語で「軟膏」の意味）。パンの表面に塗って、挟んだ具材や野菜から出る水分がパンにしみ込むのを防ぎます。また、大きなケーキイッチを作るときには、並べた食パンの側面に塗ってパン同士をつなぎ合わせる役目も果たします。

□冷蔵庫から出したばかりの硬いバターを使うと、うまく伸ばすことができずパンの表面に穴が開いてしまうこともあるので、必ずポマードバターを用意してください。
□マーガリンはパンとパンの接着に不向きなので、必ずバターを使用しましょう。

作り方

Step 1
〚 フィリングを作る 〛
パンとパンの間に挟む具材を用意しておきます。

Step 2
〚 パンを並べる 〛
小さなケーキイッチは食パンを切ったりセルクルで抜いたりして使います。大きなケーキイッチは食パンを並べて作ります。代表的なパンの並べ方4例を紹介します。

□ 四角形
食パンを四角になるよう4枚並べ、一辺が約18～20cmの大きな四角形にする。

□ 円形（小）
食パンを直径8cmのセルクルで丸くくりぬく。

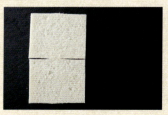

□ 長方形
食パンを2枚並べ、約20×9cmの長方形にする。

□ 円形（大）
切った食パンを4枚並べ、直径約16cmの円形にする。（p.7上参照）

How to Make

食パンの切り方
円形(大)のケーキイッチを作る場合、オーブンシートで型紙を作ってから食パンを切ります。

a　　b　　c

1. オーブンシートにコンパスで直径16cmの円を描く(a参照)。
2. 切り取って四つ折りにする(b参照)。
3. 食パンに四つ折りにしたオーブンシートを重ね、はさみで切り取る(c参照)。

□包丁ではなめらかな曲線に切るのが難しいので、キッチンばさみの使用がおすすめです。
□パンの形がそろっていないときれいなケーキイッチに仕上がりませんので、パンは丁寧に切りましょう。

Step 3
〖 フィリングを挟む 〗

1

2

3

4

5

1. 並べたパンの側面にポマードバターを塗り、パン同士を密着させる。
2. パンの表面にポマードバターを塗る。
3. 用意したフィリングを段数分に分け(2段なら½量ずつなど)、パン全体にまんべんなくのせていく。
4. 表・裏両面にポマードバターを塗ったパンを重ね、2段目を作る。
5. 同じ工程を繰り返して必要な段数重ねていく。最後にパンを重ねたら、ラップをかけ、上から軽く押して全体の形を整える。

Step 4
〖 デコレーション 〗

1

2

3

1. デコレーションクリームをパレットナイフで全体に塗る。
□まず下地を塗るように薄く塗ってから厚く重ねて塗っていき、最後に表面を平らに整えるときれいに仕上がります。
2. 飾り用のデコレーションクリームを口金つき絞り袋に入れ、絞り出す。
3. 仕上げに野菜やフルーツ、ハムなどの飾り用食材を盛りつける。1時間ほど冷蔵庫で冷やし、クリームが落ち着いたらできあがり。

□作り始めてから食べるまでに時間があいてしまう場合は、飾りつけの一歩手前まで作って冷蔵庫で休ませ、食べる直前に飾り用の食材を飾るようにするときれいに仕上がります。

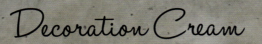

デコレーションクリーム7種のレシピ

飾りつけに使うデコレーションクリーム。基本の7種のレシピを紹介します。
分量は作りやすい量（基本量）なので、ケーキイッチのサイズに合わせて調整してください。

Decoration Cream

A. チーズクリーム

最も基本的なデコレーションクリームです。クリームチーズと相性のよい具材のときに使います。クリームチーズの状態（硬さ）により牛乳の量を調節して。

材料
- クリームチーズ … 200g
- 牛乳 … 大さじ1〜2

作り方
クリームチーズをボウルに入れてゴムベラで柔らかくなるまで練り、牛乳を加えよく混ぜる。

B. ポテトクリーム

マッシュポテトのデコレーションクリームです。柔らかくなめらかなマッシュポテトに仕上げ、デコレーションしやすく作りました。

材料
- じゃがいも（男爵）… 500〜550g
- バター … 約30g
- 牛乳 … 約15ml
- 生クリーム … 約10ml
- 塩・胡椒 … 適量

作り方
じゃがいもは皮をむき、たっぷりの湯に塩（分量外）を加えて竹串がすっと通るまで茹でる。水気をよく切ってマッシャーでつぶし、すぐにほかの材料を加え混ぜる。味をととのえ、塗りやすい柔らかさになるよう調整する。

□じゃがいもの種類などにより水分量が違うので、バターと牛乳、生クリームの量を調節してください。
□茹でたあと、裏ごし器やザルで裏ごしするとよりなめらかになります。

C. 豆乳クリーム

ヘルシーな豆乳ホイップクリームです。ベジタリアン用ケーキイッチなどに使っていますが、口当たりが優しいので、比較的どのケーキイッチにも合います。

材料
- 豆乳ホイップクリーム … 100ml
- カロリーハーフマヨネーズ … 30g

作り方
豆乳ホイップクリームをボウルに入れて、氷水にあてながら8分立てになるまでよく泡立ててから、マヨネーズを加え混ぜる。

D. サワークリーム

酸味と相性がよいメキシカンや東南アジア風のケーキイッチに向いています。柔らかく塗りやすいので、ほかの材料と混ぜずにそのまま使います。

E. シュガーチーズクリーム

デザートケーキイッチ用の甘いチーズクリームです。レアチーズケーキのような味わいで、フルーツなどとの相性もいいです。

材料
- クリームチーズ … 200g
- 粉糖 … 大さじ4
- 生クリーム（35%）… 大さじ1〜2

作り方
クリームチーズをボウルに入れ、ゴムベラで柔らかく練ったら、粉糖をふるい入れ、さらに生クリームを加えよく混ぜる。
□粉糖を加えるときはダマにならないよう注意してください。

F. マスカルポーネクリーム

濃厚で深みのある味わいのマスカルポーネクリーム。定番のティラミスや、抹茶と混ぜて和風ケーキイッチに使っています。

材料
- マスカルポーネチーズ … 250g
- 卵黄 … 2個分
- グラニュー糖 … 30g
- バニラビーンズ（中身をこそげ取る）… 1/2本

作り方
ボウルに卵黄、グラニュー糖を入れ、白くもったりするまで泡立てる。バニラビーンズ、マスカルポーネチーズを順番に加え混ぜる。

G. ヨーグルトクリーム

さっぱりとしたヨーグルトのクリーム。ヨーグルトを水切りして使うので少し手間と時間がかかりますが、クセになる美味しさです。

材料
- 水切りしたヨーグルト … 150g
- 粉糖 … 20g
- 生クリーム（35%）… 50ml

作り方
ザルの上にペーパータオルをのせ、ヨーグルト1パック分（400g）を入れて数時間から一晩おき、水気を切る。ここから150gとってボウルに入れ、粉糖をふるい入れ、8分立てに泡立てた生クリームを加え混ぜる。

Tools

道具

ケーキッチ作りに必要な道具は、一般のお菓子やケーキを作るときに使うものがほとんど。あると重宝する便利グッズも併せて紹介します。

必要な道具

A. 計量カップ、計量スプーン
材料はきちんと計量しましょう。

B. ボウル
デコレーションクリームや具材のフィリングを作るときに使用します。生クリームを泡立てる際には氷水用のボウルも必要になるので、2個用意しておくと便利です。

C. パレットナイフ
仕上げのクリームを塗ったり、できあがったケーキッチを別の皿などに移動したりするのに使います。持ちやすさ、長さ、柔軟性など自分の使いやすいものを見つけてください。

D. ゴムベラ
クリームなどの材料を混ぜるのに使います。カスタードクリーム作りなどでは鍋を火にかけた状態で使うこともあるので、耐熱性のある良質のものをおすすめします。

E. 泡立て器
ホイップしたり、かき混ぜたりします。

F. ハンドミキサー
泡立て器があればなくても大丈夫ですが、ホイップクリームを作るのに手早くできるので便利です。

G. 絞り袋、口金
仕上げのデコレーションクリームを飾るのに使います。絞り袋は洗って何度も使うものより、100円ショップなどでも扱っている使い捨てタイプのものが衛生的で手軽なのでおすすめです。口金は円形（細めは#4、太めは#9）や星形をよく利用します。

H. デジタルスケール
材料の重さを量るスケールはデジタル式が便利です。

I. セルクル
食パンを丸くくりぬくのに使います。市販の食パンを一番大きくくりぬける直径8cmのものがおすすめです。

J. キッチンばさみ
パンを切るときに使用します。

K. オーブンシート
食パンを丸く切るときの型紙用に使います。

あると便利な道具

L. スライサー
きゅうりやズッキーニを飾り用に薄切りにするときに、写真のような厚さを調整できるスライサーがあると重宝します。

M. あんベラ
餃子などのあんを包むときに使う道具ですが、ポマードバターを塗るときにバターナイフよりも手早く塗れるので便利です。

N. ハーブ用はさみ
ハーブなどを細かく刻めるよう5枚刃になっているはさみです。こちらはヨーロッパで購入してきましたが、国内でもインターネットなどで購入できます。

O. 茶こし
粉糖や薄力粉をふるったり、ダマになったクリームをこしたりするのに便利です。目の細かいものを選ぶようにしましょう。

P. 保存容器
大きなケーキッチを保存するのに便利な大型ケースです。大きなサイズの密閉容器を逆さにして代用することもできます。

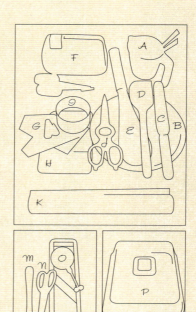

Tools

Basic

ケーキイッチのきまり

■ パン
本書のレシピでは、特に指定のない限り、サンドイッチ用食パン（約W10×D9㎝、12枚切り）を使用しています。大きさがそろっているので、成形しやすく便利です。ケーキイッチには10〜12枚切りくらいの薄めの食パンの使用がおすすめです。耳のある食パンの場合は耳を切り落として使います。お好みで、パン専門店などの食パンを使ってもいいでしょう。店によって厚さやサイズが違いますが、自由にアレンジしてみてください。

■ 食材
ケーキイッチはシンプルな料理なので、食材の良し悪しが味に直結します。妥協せずに美味しい食材を選ぶように心がけましょう。

■ 分量
レシピ中、フィリングやデコレーションの材料の分量表示は目安です。お好みで量を調整して、自由にアレンジを楽しんでください。

■ 保存方法
ケーキイッチは乾燥しないよう大きめの容器（p.10参照）に入れて、冷蔵保存します。専用の容器がなくても、大きなサイズの密閉容器を逆さにして使えば代用できます。

■ 召し上がり方
ケーキイッチは、ケーキのように等分にカットしてお皿に盛ります。ナイフ&フォークでいただきます。

■ 消費期限
生ものですので、作ったらその日のうちに召し上がってください。特に水分の多い食材を使っている場合は、なるべく早めに食べきってください。

Part 1

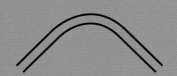

Meal Cakewich

ケーキイッチは、甘いケーキのように見えても中身はサンドイッチなので、甘くないのがスタンダード。食べる人に見た目と味のギャップを楽しんでもらうのも、「おもてなし」なのです。

Cottage Pie Cakewich
コテージパイ ケーキイッチ

煮込んだ牛挽肉の上にマッシュポテトをのせてオーブンで焼く、英国の伝統家庭料理「コテージパイ」をケーキイッチにアレンジ。デコレーションにマッシュポテトを使い、カラフルな野菜で英国らしいチェック柄を作りました。年齢を問わず食べやすい味です。

材料 [約W18×D15×H8cm 1台分]

食パン（ホワイト）--- 9枚
ポマードバター（p.6参照）--- 適量

□ フィリング
牛挽肉 --- 500g
玉ねぎ（みじん切り）--- 1個
人参（みじん切り）--- 1本
グリーンピース --- 1缶（55g）
小麦粉 --- 大さじ2
ビーフコンソメスープ
　（ビーフコンソメ2個を水500mlで溶く）--- 500ml
ローリエ --- 1枚
ウスターソース --- 大さじ1
トマトペースト --- 大さじ1
サラダ油 --- 大さじ1
塩・黒胡椒 --- 適量

□ デコレーションクリーム
ポテトクリーム（p.9参照）--- 400〜500g

□ 飾り用食材
人参 --- 適量
黄ズッキーニ --- 適量
黄パプリカ --- 適量

作り方

Step 1
〚 フィリングを作る 〛

1. 鍋にサラダ油を熱して玉ねぎと人参を炒め、牛挽肉を加えて混ぜ、塩・黒胡椒で味をつける。
2. 小麦粉をふるい入れ、しっかり炒めてからビーフコンソメスープを加える。
3. ローリエ、ウスターソース、トマトペーストを加え、30分ほどスープが少なくなるまで（アクが出たら取り除きながら）煮込む。
4. グリーンピースを加え、塩・黒胡椒で味をととのえる。ローリエを取り除いてからバットなどにあけ冷ましておく。

Step 2
〚 パンを並べる 〛

1. 食パンは3枚を縦半分に切る。
2. 皿に食パン2枚と半分に切ったパン2枚を約W18×D15cmの四角形になるように並べる。

Step 3
〚 フィリングを挟む 〛

p.7ケーキイッチの作り方Step 3の1〜5を参考に、2段分作る。
□フィリングは、お好みの量をのせてください。

Step 4
〚 デコレーション 〛

1. ポテトクリームを全体に塗る。
2. 飾り用食材はスライサーで薄くスライスし、ケーキイッチのサイズに合わせて包丁で切って、チェック柄になるように飾りつけていく。

Point
フィリングを煮込むときは焦げないように注意。飾りのチェック柄は複雑に見えるようズッキーニとパプリカを二重にしてありますが、ズッキーニはなくてもOKです。ウスターソースは「リーペリン ウスターソース」(a参照)がおすすめです。

Meal Cakewich
no_1

Coronation Chicken Cakewich
コロネーションチキン ケーキイッチ

コロネーションチキンは、エリザベス女王の戴冠式の昼食会で饗されたという伝統料理（コロネーションは「戴冠」の意味）。英国で定番人気のサンドイッチフィリングでもあります。カレー風味のチキンとレーズンパン、アーモンドスライスの組み合わせが絶妙。

Meal Cakewich
no_2

材料 [約W9×D11×H4cmの三角形 4個分]

- レーズンブレッド --- 4枚
- ポマードバター(p.6参照) --- 適量

□ フィリング
- 鶏もも肉 --- 大1枚(280〜300g)
- A
  - 湯 --- 500ml
  - 無添加コンソメ(顆粒) --- 適量
  - ローリエ --- 1枚
  - 塩 --- 適量
- B
  - 玉ねぎ(みじん切り) --- 60g
  - マヨネーズ --- 100〜120g
  - ヨーグルト --- 40g
  - チャツネ(市販) --- 大さじ1
  - カレー粉 --- 小さじ1
  - ターメリック(パウダー) --- 少々
- 塩 --- 適量
- ルッコラ --- 1〜2束

□ 飾り用食材
- 芽キャベツ(好みで) --- 適量
- アーモンドスライス --- 適量

作り方

Step 1
〚 フィリングを作る 〛

1. コロネーションチキンを作る。鶏肉は1枚を2〜3等分に切る。
2. 鍋にAを入れて火にかけ、味がやや濃いめのスープを作る。
3. 鶏肉を入れて沸騰させないように弱火で茹でる。中まで火が通ったら取り出して粗熱を取り、細かく裂いておく。
4. Bの玉ねぎは水にさらして辛みを抜き、ペーパータオルにとって水気を絞っておく。
5. ボウルに3とBを入れて混ぜ、最後に塩で味をととのえる。

Step 2
〚 パンを並べる 〛

レーズンブレッドは正方形に形を整えるように耳を切り落とし、まな板に4枚並べる。

Step 3
〚 フィリングを挟む 〛

1. ポマードバターを塗ったパン2枚にコロネーションチキンを適量ずつのせ、残り2枚にはちぎったルッコラを多めにのせ、それぞれ三角形になるよう半分に切る。
2. 皿にコロネーションチキンがのったものとルッコラがのったものを対になるように並べる。

□食べるときに2種のフィリングを内側にサンドするように重ねます。

Step 4
〚 デコレーション 〛

塩茹でしてスライスした芽キャベツや、アーモンドスライスを飾る。

Point
ルッコラはたっぷりのせて食べるのがおすすめです。鶏肉は、飲んでも美味しいと感じるくらいのスープでゆっくり茹でることで、味のしみた美味しい茹で鶏になります。残ったスープは鶏肉のうまみが出ているので、捨てずに料理に使ってください。

Fish & Chips Cakewich
フィッシュ＆チップス ケーキイッチ

Meal Cakewich no_3

英国の代表料理といえばフィッシュ＆チップス！ その定番料理を、大胆にもケーキイッチにアレンジしました。本場ではフィッシュ＆チップスにモルトビネガーをたっぷりかけて食べるので、お好みでかけてみてもいいでしょう。ギネスビールと一緒に！

材料 [約W9×D20×H6cm 1台分]

食パン(ホワイト) --- 6枚
ポマードバター(p.6参照) --- 適量
モルトビネガー(a参照) --- 適量

□フィリング

生タラ(切り身) --- 4切れ

A
- 薄力粉 --- 120g
- 片栗粉 --- 大さじ2
- ベーキングパウダー --- 小さじ¼
- パプリカ(パウダー) --- 小さじ¼
- ガーリック(パウダー) --- 小さじ¼
- 塩 --- 適量
- 黒胡椒 --- 少々

炭酸水(またはビール) --- 170〜180ml

B
- 茹で卵(みじん切り) --- 3個
- 玉ねぎ(みじん切り) --- 60g(約¼個)
- ピクルス(みじん切り) --- 50g
- アメリカンマヨネーズ(b参照) --- 60〜70g
- 塩・胡椒 --- 少々

□デコレーションクリーム

サワークリーム(p.9参照) --- 300g

□飾り用食材

冷凍フライドポテト --- 250〜300g
揚げ油 --- 適量
ルッコラ、グリーンプチトマト --- 各適量

作り方

Step 1
〚 フィリングを作る 〛

1. 生タラの切り身は一口大に切り、さらに切り込みを入れて開いてパンに挟みやすくする。塩・胡椒と酒各適量(すべて分量外)をふり下味をつけておく。

2. ボウルにAを入れ、しっかり混ぜ合わせてから炭酸水を加えて混ぜ、衣を作る。生タラに衣をつけて180℃の油(分量外)で揚げる。

3. タルタルソースを作る。玉ねぎは水にさらして辛みを抜いたあと、ペーパータオルにとって水気を絞っておく。ボウルでBの材料を混ぜ合わせる。

Step 2
〚 パンを並べる 〛

皿に食パン2枚を長方形になるように並べる。

Step 3
〚 フィリングを挟む 〛

p.7ケーキイッチの作り方Step 3の1〜5を参考に、2段分作る。
□フィリングは、まずタルタルソースをパン全体に広げ、その上に揚げたタラを並べます。

Step 4
〚 デコレーション 〛

1. 冷凍フライドポテトを180℃の油で揚げ、軽く塩(分量外)をふりかけておく。

2. サワークリームをケーキイッチの全体に塗り、クリームの一部を細めの丸口金つき絞り袋に入れ、まわりを縁取り、中にも斜線を描くよう絞り出す。

3. 1を側面に張りつけ、上にも飾る。

4. ルッコラとグリーントマトを添える。

Point

冷凍フライドポテトは「スーパークリスピー」という極細のものを使いました。なるべくまっすぐなものを選んで飾っていくときれいに仕上がります。できたてのうちに、お好みでモルトビネガーをかけてお召しあがりください。

a

b

Roast Beef Cakewich
ローストビーフ ケーキイッチ

英国の代表的な料理、ローストビーフは、サンドイッチとしても正統派の定番フィリング。クレソンとホースラディッシュがアクセントの「間違いない」美味しさ。ゴージャスなデザインなので華やかなお祝いの席やパーティーに。シャンパンやワインとよく合います。

Meal Cakewich
no_4

材料 [φ10×H5＋φ16×H5cm 1台分]

食パン（全粒粉、8枚または10枚切り）
　--- 18枚（下段12枚＋上段6枚）
ポマードバター（p.6参照）--- 適量
□フィリング
ローストビーフ（市販）--- 300〜350g
玉ねぎ（5mm幅の輪切りにする）--- 1個
醤油 --- 大さじ2
和風だしの素（顆粒）--- 少々
バター --- 小さじ1〜2
A｜アメリカンマヨネーズ --- 30g
　｜ホースラディッシュ（西洋わさび）--- 小さじ1
クレソン --- 1〜2束
□デコレーションクリーム
チーズクリーム（p.9参照）--- 基本量の2倍
□飾り用食材
エシャロット（細かいみじん切り）--- 適量

作り方

Step 1
〚 フィリングを作る 〛

1. クレソンは約2cmの長さに切っておく（飾り用に小さめの葉を選んでとっておく）。
2. オニオンソテーを作る。玉ねぎに醤油、和風だしの素を絡めて5〜10分ほどつけたら、電子レンジにかけてしんなりさせる。フライパンにサラダ油（分量外）を熱し、玉ねぎを茶色く味がしみ込むまで炒める。味が薄い場合は醤油と和風だしの素（いずれも分量外）を足して味をととのえる。最後にバターを加えて混ぜ、バットなどにあけ冷ましておく。
3. Aを混ぜ合わせ、ホースラディッシュマヨネーズを作る。

Step 2
〚 パンを並べる 〛

p.7ケーキイッチの作り方Step 2の食パンの切り方を参考に、食パンを丸く切って皿に円形になるように並べる。

□下段用は食パン12枚を直径16cmの型紙を使用して切り、4枚で円形になるように並べます。上段用は食パン6枚を直径10cmの型紙を二つ折りにして使用して切り、2枚で円形になるように並べます。

Step 3
〚 フィリングを挟む 〛

1. p.7ケーキイッチの作り方Step 3の1〜5を参考に、下段用に2段分作る。

□パンの表面にはポマードバターではなくホースラディッシュマヨネーズを塗ります。
□ローストビーフ、オニオンソテー、クレソンの順にそれぞれ1/3量ずつ全体にまんべんなくのせていきます。

2. 同様の手順で上段用に2段分作る。

□フィリングの残りを1段にそれぞれ1/2量ずつのせます。

Step 4
〚 デコレーション 〛

1. 上段用・下段用の両方にデコレーションクリームを全体に塗り、1時間ほど冷蔵庫で冷やしてクリームを落ち着かせる。
2. 2つを重ねる。仕上げにクレソンとエシャロットを飾る。

Point
ホースラディッシュはチューブ入りが手軽です。マヨネーズの油分がバターの役割をするので、パンの表面にはポマードバターを塗りませんが、パンの側面の接着には必ずポマードバターを使ってください。

Apple & Stilton Cakewich
アップル & スティルトン ケーキイッチ

スティルトンは英国の代表的なブルーチーズ。りんご、くるみバターとの組み合わせは絶品で、チーズプラッターなどでもよく出されます。このケーキイッチはワインとの相性が抜群なので、前菜やおつまみにも。お好みではちみつをかけてどうぞ。

材料 [約W3×D10×H5cm 3個分]

食パン(ホワイト) --- 3枚
くるみバター
　ポマードバター --- 50g
　ローストくるみ(細かく刻む) --- 25g
□フィリング
りんご(赤・青) --- 各1個(うち各適量を飾り用に)
ブルー・スティルトン(a参照) --- 適量
□デコレーションクリーム
チーズクリーム(p.9参照) --- 150g
ブルー・スティルトン(a参照) --- 30g
□飾り用食材
レモン汁 --- 適量
ローストくるみ(細かく刻む) --- 適量
ミント --- 適量
はちみつ(好みで) --- 適量

作り方

Step 1
〖 くるみバターを作る 〗
ポマードバターとローストくるみをよく混ぜておく。
〖 フィリングを作る 〗
フィリング用のりんごはケーキイッチの幅に合わせて約2.8cmのくし形に切り、厚さ約7mmにスライスする。

Step 2
〖 パンを並べる 〗
食パン1枚を3等分に切り、それぞれ皿にのせる。

Step 3
〖 フィリングを挟む 〗
p.7ケーキイッチの作り方Step 3の1~5を参考に、2段分作る。
□ポマードバターの代わりにくるみバターを塗ります。
□フィリングは、りんごを並べ(1段目は赤、2段目は青)、その上にスティルトン(適量)を小さくちぎって散らします。

Step 4
〖 デコレーション 〗
1. 飾り用のりんごは薄くスライスしてレモン汁をふりかけておく。
2. チーズクリームとブルー・スティルトンを混ぜ合わせ、デコレーションクリームを作る。
□ブルーチーズのつぶつぶが残っていても大丈夫です。デコレーションクリームの硬さは、チーズクリームの牛乳の量で調節してください。
3. デコレーションクリームを全体に塗る。
4. 飾り用りんご2色を交互に並べ、くるみとミントを飾りつける。

Point
スティルトンはほかのブルーチーズに比べ塩気やクセがやや強いので、気になる方はデンマークブルーチーズやゴルゴンゾーラなど食べやすいブルーチーズに替えてもOKです。

a

Vegetarian Salad Cakewich
ベジタリアンサラダ ケーキイッチ

Meal Cakewich
no_6

キャロットラペ（人参サラダ）、かぼちゃ、アスパラガスなどたっぷりの野菜と、豆乳クリームを使いヘルシーに仕上げます。野菜の色を生かしたカラフルなデザイン。サラダやスープ、野菜のスムージーなどとともにヘルシーなランチを楽しんでみて。

材料 [約W9×D20×H6cm 1台分]

- 食パン（ホワイト）--- 8枚
- ポマードバター（p.6参照）--- 適量

□ フィリング

A
- 人参（細めの千切り）--- 150g（約1本）
- 塩 --- 少々
- レモン汁 --- 大さじ1
- エキストラバージンオリーブオイル --- 大さじ½〜1
- レーズン --- 適量
- 塩・胡椒 --- 適量

B
- かぼちゃ（乱切り）--- 正味180〜200g
- マヨネーズ --- 適量
- 塩・胡椒 --- 適量

C
- アスパラガス --- 10本
- にんにく（みじん切り）--- 1かけ
- バター --- 10g
- 塩・黒胡椒 --- 適量

□ デコレーションクリーム
- 豆乳クリーム（p.9参照）--- 基本量

□ 飾り用食材
- きゅうり、黄プチトマト（輪切り）、アスパラガス（茹でて斜めスライス）、枝豆（茹でる）、マーシュ（コーンサラダ）、マスタードスプラウト、白エディブルフラワー --- 各適量

作り方

Step 1
〚 フィリングを作る 〛

1. Aの材料でキャロットラペを作る。人参は塩少々でもんでしばらくおき、しんなりしたら水気をしっかり絞り、ボウルでほかの材料と混ぜて味をととのえる。
2. Bの材料でパンプキンサラダを作る。かぼちゃは竹串がすっと入るくらいの柔らかさまで塩茹でし、ザルにあげてしっかり水気を切る。ボウルに入れてフォークの背などでつぶし、ほかの材料で味をととのえる。
3. Cの材料でアスパラガーリックを作る。アスパラガスは根元とはかまを切り落とし、硬い部分の皮をピーラーでむいて幅5mmの斜め切りにする。フライパンにバターとにんにくを熱し、アスパラガスを炒め、塩・黒胡椒で味をととのえる。

Step 2
〚 パンを並べる 〛

皿に食パン2枚を長方形になるように並べる。

Step 3
〚 フィリングを挟む 〛

p.7ケーキイッチの作り方Step 3の1〜5を参考に、3段分作る。
□ 1段目にキャロットラペ、2段目にパンプキンサラダ、3段目にアスパラガーリック（各適量）を挟みます。

Step 4
〚 デコレーション 〛

1. 豆乳クリームを全体に塗る。
2. 飾り用のきゅうりはやや厚めに縦にスライスし、ペーパータオルなどで水気をしっかり取り、側面に横向きに張りつけていく。
3. 飾り用の野菜類を上面に飾りつける。

Point
ケーキイッチをカットしたときに断面の層がきれいに見えるよう、フィリングの量（厚さ）を均等に重ねましょう。食パンは雑穀入りのものに替えてもよく合います。飾り用の野菜が余ってしまったときは、サラダなどほかの料理に利用してください。

Caprese Cakewich
カプレーゼ ケーキイッチ

モッツァレラチーズ、トマト、フレッシュバジルのイタリアンカラーの前菜、カプレーゼをアレンジしてジェノベーゼペーストを加えたケーキイッチ。多くの人に好まれる味で食べやすいので、大人数の食事会やパーティーなどにおすすめです。

材料 [φ16×H8cm 1台分]

- 食パン(ホワイト) --- 12枚
- ポマードバター(p.6参照) --- 適量

□フィリング
- A
  - ジェノベーゼ ペースト --- 100g
  - フレッシュバジル --- 15g
  - パルミジャーノ・レッジャーノ --- 小さじ2
  - エキストラバージンオリーブオイル --- 少々
- フレッシュモッツァレラチーズ --- 250〜300g
- プチトマト --- 20〜30個
- フレッシュバジル --- 適量

□デコレーションクリーム
- チーズクリーム(p.9参照) --- 基本量の1.5倍

□飾り用食材
- きゅうり、プチトマト(縦半分に切る)、マイクロトマト、フレッシュバジル --- 各適量

作り方

Step 1
〚 フィリングを作る 〛

1. Aの材料をミルミキサーに入れ、なめらかなグリーンのペーストになるまで回す。
2. フレッシュモッツァレラチーズは厚さ1cm弱にスライス、プチトマトは半分に切り、水気をしっかり切っておく。フレッシュバジルは葉の部分のみちぎって用意しておく。

Step 2
〚 パンを並べる 〛

p.7ケーキイッチの作り方Step 2の食パンの切り方を参考に、食パンを直径16cmの型紙を使用して切り、皿に円形になるように並べる。

Step 3
〚 フィリングを挟む 〛

p.7ケーキイッチの作り方Step 3の1〜5を参考に、2段分作る。
□まずフィリング1(大さじ2〜3)を塗り、次にフィリング2を全体にまんべんなくのせていきます。

Step 4
〚 デコレーション 〛

1. デコレーションクリームを全体に塗る。
2. きゅうりは皮をむいてケーキイッチの側面の高さに合わせて切り、縦に厚めにスライスする。水気をペーパータオルなどでしっかり取り、側面に縦向きに張りつけていく。
3. 上面にプチトマト、マイクロトマト、フレッシュバジルを飾りつける。

Point
美味しいモッツァレラチーズを使うのが大事なポイント。イタリア産のフレッシュなものがおすすめです。水分が多いのでペーパータオルなどでしっかりと水気を取ること。ジェノベーゼ ペーストは「Barilla バリラ・ペーストジェノベーゼ」を使用しています。また、きゅうりは時間をおくと水分が出て縮んできてしまうので、食べる直前に飾りましょう。

Mimosa Cakewich

ミモザ ケーキイッチ

イタリアでは、3月8日の「国際女性デー」に女性にミモザの花を贈ってお祝いする習慣があります。これをイメージして、卵、コーン、アスパラガスを使ってミモザのような可愛いデザインにしました。女性のためのケーキイッチ、女性同士の集まりで楽しんで!

材料 [φ16×H9cm 1台分]

- 食パン(ホワイト) --- 12枚
- ポマードバター(p.6参照) --- 適量

◻ フィリング
- グリーンリーフ --- 2～4枚
- A
  - 茹で卵(粗みじん切り) --- 3個
  - コーン(缶詰) --- 50g
  - マヨネーズ --- 60～80g
  - 塩・胡椒 --- 適量

◻ デコレーションクリーム
- 豆乳クリーム(p.9参照) --- 基本量

◻ 飾り用食材
- 茹で卵 --- 4～5個
- ミニアスパラガス、グリーンリーフ --- 各適量

作り方

Step 1
〚 フィリングを作る 〛

Aをボウルに入れ混ぜ合わせ、味をととのえる。

◻ マヨネーズは、日本製とアメリカ製を半分ずつ混ぜると酸味が抑えられマイルドな味になります。

Step 2
〚 パンを並べる 〛

p.7ケーキイッチの作り方Step2の食パンの切り方を参考に、食パンを直径16cmの型紙を使用して切り、皿に円形になるように並べる。

Step 3
〚 フィリングを挟む 〛

p.7ケーキイッチの作り方Step3の1～5を参考に、2段分作る。

◻ フィリングは、まずグリーンリーフ1～2枚を大きめにちぎってのせ、茹で卵フィリングの1/2量をその上にまんべんなくのせていきます。2段目も同様に繰り返します。

Step 4
〚 デコレーション 〛

1. デコレーションクリームを全体に塗る。
2. 飾り用の茹で卵は白身と黄身に分け、それぞれ5mm角に切る。
3. ミニアスパラガスはサッと塩茹でし、水にさらしたあと、水気を切っておく。
4. 3をケーキイッチの高さに合わせて根元をカットし、側面に張りつけていく。
5. 上面はグリーンリーフをまわりに飾り、中央に2を2色になるよう飾りつける。

Point

ケーキイッチの側面にリボンを飾るとプレゼントにもぴったりです。リボンは張りつけたアスパラガスの固定にも役立ちます。飾り用の卵が足りない場合は、グリーンリーフ(分量外)を下に敷いて上げ底するとボリュームが出ます。

Prosciutto & Fig Cakewich
プロシュート&フィグ ケーキイッチ

パルマ産プロシュートとフレッシュなフィグ(いちじく)は、クリームチーズと好相性。赤ワインととてもよく合うので、おつまみにもなるケーキイッチです。季節によっては、いちじくの代わりにほかのフルーツを使ってアレンジを楽しんでもいいでしょう。

材料 [約W9×D20×H8cm 1台分]

食パン(ホワイト) --- 6枚
ポマードバター(p.6参照) --- 適量

□フィリング
プロシュート(パルマ産生ハム) --- 100g
いちじく --- 2〜3個
ルッコラ --- 適量
いちじくジャム(甘さ控えめ) --- 少々

□デコレーションクリーム
チーズクリーム(p.9参照) --- 基本量の1.5倍

□飾り用食材
プロシュート --- 適量
いちじく --- 1〜2個
フレッシュバジル --- 適量

作り方

Step 1
〚 フィリングを作る 〛
1. いちじくは5mmほどの厚さにスライスする。
2. ルッコラは葉の部分を3〜4cmくらいの長さに切る。

Step 2
〚 パンを並べる 〛
皿に食パン2枚を長方形になるように並べる。

Step 3
〚 フィリングを挟む 〛
p.7ケーキイッチの作り方Step 3の1〜5を参考に、2段分作る。
□フィリングは、まずいちじくジャムを薄く塗り、その上にプロシュート、ルッコラ、いちじくの順に、それぞれ半量ずつまんべんなくのせていきます。2段目も同様に繰り返します。

Step 4
〚 デコレーション 〛
1. デコレーションクリームを全体に塗る。
2. デコレーションクリームの一部を丸口金つき絞り袋に入れ、ケーキイッチの上面のまわりを縁取るように絞り出す。
3. 縦8〜10等分に切ったいちじく、ちぎったプロシュート、フレッシュバジルを飾りつける。

Point
プロシュートといちじくの美味しさで味が決まるので、できるだけ良質で美味しいものを選んでください。また、いちじくジャムの甘さが苦手な方は、塗らなくてもOKです。

Meal Cakewich

no_10

German's Cakewich

ジャーマンズ ケーキイッチ

ドイツといえばソーセージ＆ザワークラウト！ ハニーマスタードがアクセントになった、間違いなく美味しい組み合わせです。パンはプチバゲットで食べやすいので、ドイツビールと一緒に気軽なランチにいかがでしょう。コーラや炭酸飲料とともにおやつの時間にも。

材料 [長さ約12cmのプチバゲット3本分]

プチバゲット --- 3本

◻ フィリング

ソーセージ --- 3本
サラダ油 --- 少々
ザワークラウト（市販品） --- 60g

A｜粒マスタード --- 大さじ1
　｜はちみつ --- 大さじ1

◻ デコレーションクリーム

ポテトクリーム（p.9参照） --- 150g
マヨネーズ --- 30g

◻ 飾り用食材

マーシュ（コーンサラダ） --- 適量

作り方

Step 1

〚 フィリングを作る 〛

1. Aをよく混ぜ合わせ、ハニーマスタードを作る。
2. ソーセージは縦半分に切り、熱したフライパンにサラダ油をひいて両面にほんのり焦げ色がつくまで焼く。

Step 2

〚 パンを並べる 〛

プチバゲットは厚さを半分に切る。

Step 3

〚 フィリングを挟む 〛

1. デコレーション用のポテトクリームとマヨネーズをよく混ぜ、下側のパンの切り口に薄めに塗る。
2. ザワークラウト、ハニーマスタード、ソーセージを順にのせ、上側のパンでサンドする。

Step 4

〚 デコレーション 〛

1. Step 3の1の残りのクリームを星形口金つき絞り袋に入れてプチバゲットの上に適量絞り出す。
2. その上にマーシュを飾る。
3. 残りのハニーマスタードを添える。

◻ 通常のケーキイッチのように冷蔵庫で冷やす必要はありません。できたてが美味しいので、熱いうちにお召し上がりください。

Point

プチバゲット以外にもトーストしたクロワッサンなどでも美味しくできます。はちみつはハンガリー産アカシアを使用していますが、好みのものでOKです。ソーセージはジョンソンヴィルの「ベダーウィズチェダー」（a参照）がおすすめです。

a

Zebra Cakewich
ゼブラ ケーキイッチ

真っ黒ないかすみバゲットを使い、真っ白なクリームチーズとのコントラストがインパクト大！ですが、実はオリーブとドライトマトのシンプルな組み合わせのミニケーキイッチ。見た目と味のギャップが楽しめて、小さくて食べやすいのでパーティーの前菜などに。

Meal Cakewich
no_11

材料 [φ6cm丸形3個分]

いかすみバゲット --- 約½本

□ **フィリング**

スタッフド・オリーブ（瓶詰）--- 大さじ1〜2
ドライトマト（オイル漬け）--- 大さじ1〜2

□ **デコレーションクリーム**

チーズクリーム（p.9参照）--- 100〜200g

□ **飾り用食材**

スタッフド・オリーブ（瓶詰・半分に切る）--- 3個
イタリアンパセリ --- 適量

作り方

Step 1
〚 **フィリングを作る** 〛

スタッフド・オリーブとドライトマトは、汁気を切り約5㎜角に切る。

Step 2
〚 **パンを並べる** 〛

いかすみバゲットは7㎜ほどの厚さにスライスし、9枚用意しておく。

Step 3
〚 **フィリングを挟む** 〛

1．いかすみバゲット3枚にデコレーションクリームを星形口金つき絞り袋で円を描くように絞り出す。
2．フィリング用のスタッフド・オリーブとドライトマトを適量散らす。
3．2段目も同様に繰り返す。

Step 4
〚 **デコレーション** 〛

3段目のバゲットにデコレーションクリームを星形口金つき絞り袋で円を描くように絞り出し、中央に飾り用のスタッフド・オリーブとイタリアンパセリをのせる。

Point

「ゴントランシェリエ」というベーカリーショップのいかすみバゲットを使用しています。黒に限らず色のついたバゲットを探して、組み合わせを楽しんでください。トッピングは好みのものにアレンジしてもOKです！

Salmon Tartare & Avocado Cakewich

Salmon Tartare & Avocado Cakewich
サーモンタルタル&アボカド ケーキイッチ

スモークサーモンとアボカドの定番の組み合わせをアレンジして、タルタル仕立てに。スモークサーモンは小さく切るので切り落としでOKですが、柔らかくて美味しいものを使いましょう。外見から中身が想像しにくいので、切り分けるときにサプライズの楽しさが。

材料 [約W20×D18×H7cm 1台分]

食パン（全粒粉、8枚または10枚切り）--- 12枚
ポマードバター（p.6参照）--- 適量

□ フィリング

A｜スモークサーモン（約5mm角に切る）--- 300g
　｜玉ねぎ（みじん切り）--- 120g（約½個）
　｜あさつき（細かい小口切り）--- 大さじ2
　｜レモン汁 --- 大さじ2
　｜マヨネーズ --- 80〜100g
　｜塩・胡椒 --- 適宜

アボカド --- 5〜6個
レモン汁 --- 適量

□ デコレーションクリーム

チーズクリーム（p.9参照）--- 基本量の2倍

B｜クリームチーズ --- 100g
　｜スモークサーモン --- 50g
　｜牛乳 --- 少々

□ 飾り用食材

アボカド --- 適量
フレッシュバジル --- 2枚

作り方

Step 1
〚 フィリングを作る 〛

1. サーモンタルタルを作る。Aの玉ねぎは水にさらして辛みを抜き、ペーパータオルにとって水気を絞っておく。ボウルでAの材料をすべて混ぜ合わせ、味をととのえる。
2. アボカドは約7mm幅にスライスし、レモン汁をふりかけておく（変色を防ぐため）。

Step 2
〚 パンを並べる 〛

食パンは耳を切り落としてきれいな四角形に切りそろえ、皿に4枚を四角形になるように並べる（p.6参照）。

Step 3
〚 フィリングを挟む 〛

p.7ケーキイッチの作り方Step 3の1〜5を参考に、2段分作る。
□フィリングは、まずサーモンタルタルをまんべんなくのせ、その上にアボカドを隙間なく並べます。

Step 4
〚 デコレーション 〛

1. チーズクリームを全体に塗り、一度冷蔵庫に入れてクリームが落ち着くまで休ませる。
2. Bの材料をミルミキサーなどに入れて全体がピンク色のチーズクリームになるまで回し、側面にのみ塗る。
3. 飾り用のアボカドは、フルーツボーラーで丸くくりぬきレモン汁をふりかけておく。
4. 3とフレッシュバジルを飾る。

Point
マヨネーズは日本製とアメリカ製を半分ずつ混ぜると酸味を抑えたマイルドな味になりますが、手に入らなければ1種類だけでも大丈夫です。フルーツボーラーがない場合は、アボカドをスプーンなどでくりぬいてからラップで茶巾包みにすればOK！

Arrange

Meal Cakewich

no_13

Xmas Decoration
クリスマスデコレーションアレンジ

前ページで紹介したサーモンタルタル＆アボカド ケーキイッチを、クリスマスのおもてなしにぴったりのデコレーションにアレンジ。イタリアンパセリでツリーを、パプリカで星を作ってゴールドのアラザンで仕上げ。ぜひクリスマスメニューのひとつに加えてほしい一品。

材料 [約W20×D18×H7cm 1台分]
「サーモンタルタル＆アボカド ケーキイッチ」
　（左ページ）のレモン汁までの材料
□**デコレーションクリーム**
チーズクリーム（p.9参照）--- 基本量の2倍
□**飾り用食材**
イタリアンパセリ、黄パプリカ、
　アラザン（ゴールド）--- 各適量

作り方
〚 デコレーション 〛
1. サーモンタルタル＆アボカド ケーキイッチのStep 4デコレーションの1まで作る。
2. 残りのデコレーションクリームを、細めの丸口金つき絞り袋に入れ、上面にツリーの形と四辺を縁取るように絞り出す。
3. 星型でくりぬいたパプリカ、イタリアンパセリ、アラザンでクリスマスツリーを描く。
4. 食材以外の好みのオーナメントなどを飾る。

Point
飾りのイタリアンパセリは葉がしっかりとしたものを選び、ツリーの形に絞り出したリームの内側を埋めるように小さくちぎってのせていきます。

Shrimp & Tuna & Egg Cakewich
シュリンプ＆ツナ＆エッグ ケーキイッチ

本場スウェーデンのサンドイッチケーキ「スモーガストルタ」のレシピに一番近いケーキイッチ。小エビと卵のパステルカラーの淡い色合いが華やかなデコレーション。クリームに混ぜたディルの香りも美味しさを引き立てます。切っても美しいのでおもてなしに。

Meal Cakewich
no_14

材料 [約W9×D20×H8cm 1台分]

食パン（ホワイト）--- 10枚
ポマードバター（p.6参照）--- 適量

□**フィリング**
小エビ（冷凍）--- 250g
茹で卵 --- 2個
きゅうり --- 1〜2本
A｜ツナ（缶詰、油を切る）--- 3缶（210g）
　｜玉ねぎ（みじん切り）--- 60g（約¼個）
　｜マヨネーズ --- 60〜80g
　｜塩・胡椒 --- 少々
B｜マヨネーズ --- 50g
　｜ディル（葉の部分を細かく刻む）--- 2g

□**デコレーションクリーム**
チーズクリーム（p.9参照）--- 基本量の1.5倍
ディル（葉の部分を細かく刻む）--- 10g

□**飾り用食材**
うずらの卵（水煮）、
　シブレット（なければ、あさつきなど）--- 各適量

作り方

Step 1
〚 フィリングを作る 〛

1. ツナマヨネーズを作る。Aの玉ねぎは水にさらして辛みを抜き、ペーパータオルにとって水気を絞っておく。ボウルにAの材料をすべて入れ混ぜる。
2. きゅうりは皮をむいて約5cmの長さに切り、縦に厚めにスライスする。軽く塩（分量外）をふって水気をペーパータオルなどでしっかり取る。
3. 小エビは塩茹でしてから水気を切り（飾り用に24尾をとっておく）、アメリカンマヨネーズ、塩・胡椒（いずれも分量外）で味をととのえる。
4. 茹で卵は約5〜6mm幅にスライスする。
5. Bの材料を混ぜ、ディルマヨネーズを作る。

Step 2
〚 パンを並べる 〛

皿に食パン2枚を長方形になるように並べる。

Step 3
〚 フィリングを挟む 〛

p.7ケーキイッチの作り方 Step 3 の1〜5を参考に、4段分作る。

□1段目はフィリング1のツナマヨネーズの⅓量をまんべんなくのせた上にフィリング2のきゅうりを隙間なく並べます。2段目はフィリング3の小エビ、3段目は1段目と同様に、4段目はフィリング4の茹で卵を挟みます。

□最後に重ねるパンは、内側になる面にポマードバターではなくフィリング5のディルマヨネーズを塗ります。

Step 4
〚 デコレーション 〛

1. チーズクリームにディルを混ぜ、全体に塗る。クリームの一部を星形口金つき絞り袋に入れ、上面の四辺を縁取るように絞り出す。
2. 飾り用の小エビ、うずらの卵（約3mm幅にスライス）、シブレットを並べる。

Point
マヨネーズは日本製とアメリカ製を混ぜることで酸味が抑えられマイルドな味になりますが、手に入らなければ1種類だけでも大丈夫です。量は好みで加減してください。

Hummus Cakewich
フムス ケーキイッチ

Meal Cakewich
no_15

中東料理の定番前菜、フムス（ひよこ豆のペースト）とタブーリ（パセリのサラダ）を使ったミニケーキイッチ。食べれば一気に中東へ旅した気分に。パセリが苦手でなければクセがなく食べやすい味です。いつもとは違うちょっと変わった料理を作りたいときに。

材料 [φ8×H6cmの丸形3個分]

食パン（ホワイト）--- 9枚

□ フィリング

A
- ひよこ豆（缶詰）--- 1缶（正味240g）
- にんにく（みじん切り）--- 1かけ
- 白ねりごま --- 大さじ1
- レモン汁 --- 大さじ1〜2
- エキストラバージンオリーブオイル --- 50㎖
- 水 --- 20〜30㎖
- クミン（パウダー）--- 小さじ2
- 塩 --- 適量
- 胡椒 --- 少々

B
- クスクス --- 70g
- きゅうり（皮をむいてみじん切り）--- ½本
- トマト（種を取ってみじん切り）--- ½個
- パセリ（みじん切り）--- 大さじ1
- イタリアンパセリ（みじん切り）--- 大さじ1
- 赤玉ねぎ（みじん切り）--- ¼個
- エキストラバージンオリーブオイル --- 大さじ1
- レモン汁 --- 大さじ1〜2
- 塩 --- 適量
- 黒胡椒 --- 少々

□ 飾り用食材

プチトマト（4等分に切る）、ミント、イタリアンパセリ（みじん切り）、パプリカ（パウダー）、エキストラバージンオリーブオイル --- 各適量

作り方

Step 1
〚 フィリングを作る 〛

1. フムスを作る。Aのひよこ豆は水気を切り、一つひとつ薄皮を取り除く。フードプロセッサーにAの材料をすべて入れ、ペースト状にする。塩、胡椒の量を調整して味をととのえる。
□水は少しずつ加えてペーストの柔らかさを見ながら量を調整してください。

2. タブーリを作る。Bのクスクスは小さめのボウルに入れ、塩・黒胡椒（各少々、分量外）、エキストラバージンオリーブオイル（大さじ½、分量外）をサッとまぶして下味をつけてからお湯60㎖（分量外）を注ぎ、ラップをかけて約10分おいて戻す。ボウルにBの材料をすべて入れ、混ぜる。塩、黒胡椒の量を調整して味をととのえる。

Step 2
〚 パンを並べる 〛

食パンを軽くトーストし、直径8cmのセルクルで丸形にくりぬいておく。

Step 3
〚 フィリングを挟む 〛

1. パン3枚の上にフムスをまんべんなくのせ、その上にタブーリをのせる。
2. パンを重ねて同じように2段目を作る。
3. 3段目はフムスとタブーリを仕上げ用にきれいに盛りつける。

Step 4
〚 デコレーション 〛

1. プチトマトとミントの葉を飾る。
2. 皿に移し、上からイタリアンパセリ、パプリカパウダー、エキストラバージンオリーブオイルをふりかける。

Point
タブーリの材料のみじん切りは、できるだけ細かく切ったほうが味も見た目もよくなります。好みでミントの葉（みじん切り）を加えても本格的で美味しくなります。残ったフムスはピタパンやクラッカーなどと一緒にどうぞ。

Beets & Feta Cheese Cakewich

Taramosalata Cakewich

Beets & Feta Cheese Cakewich

ビーツ＆フェタチーズ ケーキイッチ

フェタチーズはギリシャのチーズ、ビーツは海外ではサラダに入れることが多い野菜。缶詰のスライスビーツも手軽ですが、できればホールの大きいものをカットして食感を味わって。全粒粉の食パンとの相性もよくクセになる一品。白ワインと一緒にどうぞ。

材料 [φ16×H8cmの丸形1台分]

- 食パン（全粒粉、8枚切り）--- 8枚
- ポマードバター（p.6参照）--- 適量

□ フィリング
- ビーツ（下茹で済みのものを約1cmの角切り）--- 350g
- フェタチーズ（約1cmの角切り）--- 40g
- パセリ（みじん切り）--- 大さじ3
- ローストくるみ（みじん切り）--- 大さじ2
- にんにく（みじん切り）--- 1かけ
- エキストラバージンオリーブオイル --- 大さじ2～3
- バルサミコビネガー --- 大さじ1～2
- レモン汁 --- 少々
- 黒胡椒 --- 少々

□ デコレーションクリーム
- 豆乳クリーム（p.9参照）--- 基本量

□ 飾り用食材
- フェタチーズ（約1cmの角切り）--- 40g
- ベビーリーフ --- 適量

作り方

Step 1
〚 フィリングを作る 〛
ボウルにフィリングの材料をすべて入れて、チーズが崩れないようゆっくりと混ぜ合わせ、味をととのえる。

Step 2
〚 パンを並べる 〛
p.7ケーキイッチの作り方Step 2の食パンの切り方を参考に、食パンを直径16cmの型紙を使用して切り、皿に円形になるように並べる。

Step 3
〚 フィリングを挟む 〛
p.7ケーキイッチの作り方Step 3の1～5を参考に、1段分作る。
□フィリングは½量くらい使って、残りは飾り用にとっておきます。

Step 4
〚 デコレーション 〛
1. デコレーションクリームを全体に塗る。
2. 飾り用に残しておいたフィリング、飾り用のフェタチーズをのせ、側面にベビーリーフを張りつける。

Point
フェタチーズの塩分が強いのでフィリングには塩を入れていませんが、味をみて必要なら加えてください。飾り用のフェタチーズはビーツの色で変色しないよう、別にしておいて最後にのせたほうがきれいに見えます。ビーツはコストコで販売されている下茹で済みの「ベビービートルート」（a参照）が便利です。

a

Taramosalata Cakewich

タラモサラタ ケーキイッチ

ドーム形でサンドイッチとは思えないデザインがポイントですが、切り分けると意外にカラフル。ギリシャやフランスなどで定番の前菜、タラモサラタをアレンジした味で、タラコ、マッシュポテト、コーン、枝豆などで食べやすく作りました。パーティーの前菜としておすすめ。

材料 [φ15×H9cmのドーム形1台分]

食パン(ホワイト) --- 5~6枚
ポマードバター(p.6参照) --- 適量

◻︎ フィリング
枝豆 --- 20g(正味)
コーン(缶詰) --- 10g

◻︎ デコレーションクリーム
ポテトクリーム(p.9参照) --- 350g
タラコ --- 50g
マヨネーズ --- 大さじ2

◻︎ 飾り用食材
ミント --- 適量

作り方

Step 1
〚 フィリングを作る 〛
枝豆は塩茹でして薄皮を外しておく。コーンは水気を切っておく。

〚 デコレーションクリームを作る 〛
タラコは薄皮を取り除き、ボウルでポテトクリーム、マヨネーズとよく混ぜ合わせる。

Step 2
〚 パンを並べる 〛
直径12cmのボウルにラップを敷き、対角線に半分に切った食パンを敷き詰めてパンの側面をポマードバターで接着する。ボウルの縁ギリギリの位置でパンを切り落とす(a参照)。
◻︎敷き詰めた食パンの間に隙間ができていたら、切り落としたパンを埋め込みます。

Step 3
〚 フィリングを挟む 〛
1. フィリングはデコレーションクリーム30g、コーン、食パン、デコレーションクリーム50g、枝豆の順番に重ねていき、最後は食パンを敷き詰めるようにしてフタをする。
2. 冷蔵庫で1時間ほど冷やし、クリームが落ち着いたら、ボウルを逆さまにして皿に取り出す。

Step 4
〚 デコレーション 〛
1. フィリングに使った残りのデコレーションクリームを全体に塗る。
2. デコレーションクリームの一部を丸口金つき絞り袋に入れ、小さな球形でまわりを囲むように絞り出す。
3. 上にミントの葉を飾る。

Point
タラコは色の鮮やかなものを使うと、きれいなピンク色のデコレーションクリームになります。パンの敷き詰め方がよくわからない場合は、イタリア菓子の「ズコット」を参考にするとわかりやすいと思います。入れる具は好みでアレンジしてください。

a

Keema Curry Cakewich
キーマカレー ケーキイッチ

Meal Cakewich
no_18

本場インドでは、宗教上の理由から牛肉や豚肉は使われることが少ないため、野菜や鶏肉などで作られることが多いキーマカレー。ここでは日本人の口に合うように合挽肉を使い、ドライカレー風に仕上げてフィリングにしました。夏の暑い時期のランチにどうぞ！

材料 [約W10×D9×H8cm 2個分]

食パン(ホワイト) --- 8枚
ポマードバター(p.6参照) --- 適量

◻︎ フィリング
トマト --- 1/2個
合挽肉 --- 200g
A｜玉ねぎ(みじん切り) --- 1/2個
　｜人参(みじん切り) --- 1/2本
　｜にんにく(みじん切り) --- 1かけ
　｜生姜(みじん切り) --- 5g
　｜カレー粉 --- 大さじ1
B｜クミン(パウダー) --- 小さじ1/2
　｜ターメリック(パウダー) --- 小さじ1/2
カレールー(中辛) --- 1かけ(20g)
ローリエ --- 1枚
水 --- 200ml
塩・黒胡椒 --- 適量
ポテトクリーム(p.9参照) --- 適量

◻︎ デコレーションクリーム
ポテトクリーム --- 適量

◻︎ 飾り用食材
黄プチトマト(縦半分に切る)、コーン(缶詰)、いんげん、イタリアンパセリ --- 各適量

作り方

Step 1
〚 フィリングを作る 〛

1. キーマカレーを作る。鍋にサラダ油(分量外)を熱してAを炒め、玉ねぎが透き通ってきたら合挽肉を加え、B、塩・黒胡椒適量で味をつける。カレールー、水、ローリエを加えて煮詰め、汁気がなくなってきたら塩・黒胡椒で味をととのえる。ローリエを取り除いてからバット等にあけ冷ましておく。

2. トマトは1cm幅くらいの輪切りにし、種と水分を取り除いておく。

Step 2
〚 パンを並べる 〛

皿に食パン1枚を置く。

Step 3
〚 フィリングを挟む 〛

p.7ケーキイッチの作り方Step 3の1〜5を参考に、3段分作る。
◻︎1段目はポテトクリームを表面に薄めに塗ってキーマカレーを約1cmの厚さにのせます。2段目はポテトクリームを塗り、トマト1/2量をのせます。3段目は1段目と同様です。

Step 4
〚 デコレーション 〛

1. ポテトクリームを全体に塗る。
2. 飾り用のいんげんはさっと塩茹でし水にさらしたあと、水気を切ってコーンと同じ大きさに切っておく。
3. 仕上げに残りのキーマカレー、黄プチトマト、イタリアンパセリを飾り、まわりを囲むようにコーンといんげんを並べる。

Point
市販のルーとスパイスを組み合わせることで、簡単にちょっぴり本格的な香りに。スパイスの量はお好みで加減してください。作りやすいよう市販のルーを使いましたが、自分でスパイスをそろえて本格的な味にするのもおすすめ。パンはナンやピタパンに替えてもOK！ 完成したら冷蔵庫で冷やさず、できたてを食べてください。

Spicy Asian Chicken Cakewich

スパイシーアジアンチキン ケーキイッチ

タイ・ベトナム料理で人気の生春巻きをイメージしてケーキイッチに。ピリ辛のスイートチリソース&パクチーの組み合わせは、アジア料理好きにはたまらない一品。ライスペーパーを使った個性的なデコレーションは、あっと驚かせたいときのおもてなしにぴったり。

Meal Cakewich
no_19

材料 [約φ16×H6cmの丸形1台分]

食パン(ホワイト) --- 12枚
ポマードバター(p.6参照) --- 適量
スイートチリソース(好みで) --- 適量

□フィリング
レタス --- 適量
パクチー --- 1～2束
鶏もも肉 --- 大2枚(550～600g)
A | 無添加コンソメ(顆粒) --- 3袋(約13g)
　| ローリエ --- 1枚
　| 塩 --- 小さじ½
　| 湯 --- 1ℓ
B | スイートチリソース --- 大さじ4
　| マヨネーズ --- 大さじ2
　| ナンプラー --- 少々
　| 黒胡椒 --- 少々

□デコレーションクリーム
サワークリーム(p.9参照) --- 300g

□飾り用食材
人参、黄ズッキーニ、ライム、パクチー --- 各適量
ライスペーパー --- 1枚

作り方

Step 1
〖 フィリングを作る 〗

1. スパイシーチキンを作る。鶏肉は1枚を2～3等分に切る。
2. 鍋にAを入れて火にかけ、味がやや濃いめのスープを作る。
3. 鶏肉を入れて沸騰させないように弱火で茹でる。中まで火が通ったら取り出して粗熱を取り、細かく裂いておく。
4. ボウルにBと3を入れ混ぜる。味を見て、足りなければ塩・黒胡椒(分量外)を加え、味をととのえる。
5. レタスは大きめにちぎり、パクチーは2～3cmに切っておく。

Step 2
〖 パンを並べる 〗

p.7ケーキイッチの作り方 Step 2 の食パンの切り方を参考に、食パンを直径16cmの型紙を使用して切り、皿に円形になるように並べる。

Step 3
〖 フィリングを挟む 〗

p.7ケーキイッチの作り方 Step 3 の1～5を参考に、2段分作る。
□フィリングは、レタス、スパイシーチキンの順に適量ずつのせ、パクチーを散らします。

Step 4
〖 デコレーション 〗

1. 飾り用の人参、黄ズッキーニ、ライムは薄い輪切りにする。
2. デコレーションクリームを全体に塗る。人参、黄ズッキーニ、ライム、パクチーを飾る。
3. ライスペーパーをサッと水に通して戻し、水気をしっかり切って2の上にのせる。

Point
鶏もも肉はむね肉に替えても美味しくできます。少し濃いめのスープで茹でて味のしみ込んだ鶏肉を作るのがポイント。残ったスープは捨てずに料理に使いましょう。パクチーが好きな方はたっぷり入れてください! お好みで、スイートチリソースをかけてどうぞ。

Hawaiian Cakewich

ハワイアン ケーキイッチ

日本でも人気が広がってきたスパム(ランチョンミート)と、パプリカ入りのふわふわのオムレツとオーロラソースを組み合わせたケーキイッチ。彩りも可愛いので、ランチパーティーの前菜におすすめです。スムージーや炭酸飲料とよく合うので、ハワイ気分のランチに。

Meal Cakewich
no_20

材料 [W4.5×D5×H5㎝ 3個分]

食パン(ホワイト) --- 3枚

□フィリング

ランチョンミート --- 約200g

A｜赤パプリカ(5㎜角に切る) --- 約¼個
　｜黄パプリカ(5㎜角に切る) --- 約¼個
　｜ピーマン(5㎜角に切る) --- 1個

塩・胡椒 --- 少々
中華調味料(ペーストタイプ) --- 少々

B｜卵 --- 3個
　｜牛乳 --- 大さじ3
　｜塩 --- 適量
　｜胡椒 --- 少々

C｜卵 --- 2個
　｜水 --- 小さじ2

D｜マヨネーズ --- 大さじ3
　｜トマトケチャップ --- 小さじ1
　｜コンデンスミルク --- 小さじ1

□飾り用食材

赤パプリカ(5㎜角に切る)、黄パプリカ(5㎜角に切る)、ピーマン(5㎜角に切る)、イタリアンパセリ
　--- 各適量

作り方

Step 1
〚 フィリングを作る 〛

1. オムレツを作る。Aをオリーブオイル少々(分量外)で炒め、塩・胡椒、中華調味料で下味をつける。ボウルでBの材料とよく混ぜ合わせ、サラダ油(分量外)を熱したフライパンに入れてオムレツを作る。
2. Cをボウルに入れ、白身を切るようにしっかり混ぜる。フライパンにサラダ油(分量外)を薄くひき、薄焼き卵を3〜4枚作る。
3. ランチョンミートは1㎝の厚さに切り、フライパンで油をひかずに両面カリッとするまで焼く。Dを混ぜ合わせてオーロラソースを作る。

Step 2
〚 パンを並べる 〛

食パン1枚を2等分に切り、まず3枚をまな板にのせる。

Step 3
〚 フィリングを挟む 〛

1. 食パンの上にポマードバターではなくオーロラソースを塗り、パンの幅に合わせてカットしたオムレツ(適量)、ランチョンミートの順にのせる。
□パンからはみ出た具材は切り落とします。
2. 残りのパンの内側になる面にオーロラソースを塗り、サンドする。
3. パンの幅に合わせてカットした薄焼き卵で全体を包む。

Step 4
〚 デコレーション 〛

皿に盛り、飾り用のパプリカ、ピーマンをのせ、イタリアンパセリを飾る。

Point
冷めても美味しいですが、できたてに食べるのがおすすめです!オーロラソースの量はお好みで加減してください。オムレツは野菜に下味をつけるのがポイント。卵焼き器で焼くと形がまとまりきれいな形のオムレツになります。

Crispy Bacon & Blueberry Cakewich
クリスピーベーコン&ブルーベリー ケーキイッチ

カリカリに焼いたクリスピーベーコンとブルーベリー、メープルシロップという欧米などの朝食で大人気の組み合わせをケーキイッチに。食パンをフライパンでこんがり焼いて、プチパンケーキ風に仕上げました。休日のひと手間かけた朝食としてコーヒーと一緒に!

材料 [φ8×H5cmの丸形3個分]
食パン(ホワイト) --- 9枚
□フィリング
ベーコン(極薄スライス) --- 180g
ブルーベリー --- 70〜80粒
□デコレーションクリーム
クリームチーズ --- 約100g
メープルシロップ --- 大さじ1
□飾り用食材
ミント --- 適量
メープルシロップ(好みで) --- 適量

作り方

Step 1
〚 フィリングを作る 〛
クリスピーベーコンを作る。フライパンに油はひかずにベーコンを重ならないように並べ、カリカリになるまで両面焼く。ペーパータオルなどの上にとって余分な脂を切り、適当な長さに切る。

〚 デコレーションクリームを作る 〛
クリームチーズをボウルに入れてゴムベラで柔らかくなるまで練り、メープルシロップを加えよく混ぜる。

Step 2
〚 パンを並べる 〛
1. 直径8cmのセルクルを使って、パンを丸形にくりぬく。
2. 両面に薄くバター(分量外)を塗り、熱したフライパンで両面をこんがりと焼く。

Step 3
〚 フィリングを挟む 〛
1. パン1枚の上にデコレーションクリーム10gをまんべんなくのせ、その上にベーコン(20g)、ブルーベリー(7〜8粒)を散らす。
2. パンを重ねて同じように2段目を作る。同様に2個分作る。

Step 4
〚 デコレーション 〛
3段目は仕上げ用にきれいに盛りつけミントを飾る。好みでメープルシロップをかける。

Point
パンは何度もひっくり返さないほうがきれいな焼き色がつきます。また、2段目、3段目を作るときに、重ねるパンの裏側にもデコレーションクリームを少し塗ると、ブルーベリーが安定して作りやすくなります。できあがったら温かいうちに食べてください!

Clam Chowder Cakewich

クラムチャウダー ケーキイッチ

日本でもファンの多いアメリカの定番スープ、クラムチャウダーを、クリームコロッケの具のように硬めに作り、フィリングにしました。デコレーションに煎ったパン粉を使い、食感のアクセントに。優しい味わいで食べやすいケーキイッチです。

材料 [約W20×D18×H6cm 1台分]

食パン(全粒粉、8枚または10枚切り) --- 12枚
ポマードバター(p.6参照) --- 適量

◻︎ フィリング
あさり(殻つき) --- 600〜700g
白ワイン --- 100ml
玉ねぎ(みじん切り) --- 1個
小麦粉 --- 大さじ3
バター --- 20g
A | 牛乳 --- 100ml
　| 生クリーム --- 大さじ2
　| ローリエ --- 1枚
　| パセリ(みじん切り) --- 大さじ1
無添加コンソメ(顆粒) --- 適量
塩・胡椒 --- 適量

◻︎ デコレーションクリーム
ポテトクリーム(p.9参照) --- 約400〜500g

◻︎ 飾り用食材
パン粉、イタリアンパセリ --- 各適量

作り方

Step 1
〚 フィリングを作る 〛

1. あさりは砂抜きし、鍋に白ワインとともに入れて火にかけ、蓋をしてすべての殻が開くまで蒸す。あさりの身を殻から取り出し、スープも200ml分とっておく。
2. 鍋にバターを熱し、玉ねぎを炒めていったん塩・胡椒で味をつける。小麦粉をふるい入れてしっかり炒めてから、1のスープとあさりの身、Aを加え、とろみが出るまで少し煮る。無添加コンソメ、塩・胡椒で味をととのえ、ローリエを取り除いてからバットなどにあけ冷ましておく。

Step 2
〚 パンを並べる 〛

食パンは耳を切り落としてきれいな四角形に切りそろえ、皿に4枚を四角形になるように並べる(p.6参照)。

Step 3
〚 フィリングを挟む 〛

p.7ケーキイッチの作り方Step 3の1〜5を参考に、2段分作る。

Step 4
〚 デコレーション 〛

1. パン粉をフライパンで香ばしく焼き色がつくまで乾煎りする。
2. デコレーションクリームを全体に塗り、クリームの一部を細めの丸口金つき絞り袋に入れ、上面の対角線上に2本線と、四辺を縁取るように絞り出す。
3. 1のパン粉を側面に張りつけ、イタリアンパセリを2本線の内側にきれいに飾りつける。

Point

あさりは蒸し煮にしてスープを抽出し、200ml分使いますが、足りない場合はAの牛乳の一部を加えて200mlになるように調節してください。パン粉はデコレーションクリームが乾いてしまうとつきにくくなるので早めに張りつけましょう。

Barbecue Pork Cakewich
バーベキューポーク ケーキイッチ

Meal Cakewich

no_23

バーベキューソースで味つけしたポーク、赤玉ねぎとキャベツのあっさりしたコールスローを厚めの全粒粉食パンでサンド。豆乳クリームでシンプルにデコレーションしました。ボリューム満点、お酒にも合う美味しさで、男性にも人気のケーキイッチです。

材料 [φ約16cmの丸形 1台分]

食パン（全粒粉、6枚切り）--- 8枚
ポマードバター（p.6参照）--- 適量

□**フィリング**
キャベツ（みじん切り）--- 1/4個（正味250g）
赤玉ねぎ（みじん切り）--- 1/2個
A｜アメリカンマヨネーズ --- 60g
　｜アップルサイダービネガー --- 大さじ1
　｜レモン汁 --- 少々
　｜三温糖 --- 小さじ1/2
　｜黒胡椒 --- 少々
豚ロース肉（厚めの薄切り）--- 300g
B｜トマトケチャップ --- 大さじ1
　｜とんかつソース --- 大さじ1
　｜アップルサイダービネガー --- 大さじ1
　｜イエローマスタード --- 小さじ1

□**デコレーションクリーム**
豆乳クリーム（p.9参照）--- 基本量

□**飾り用食材**
ラディッシュ（薄くスライス）、イタリアンパセリ
　--- 各適量

作り方

Step 1
〚 フィリングを作る 〛

1. コールスローを作る。キャベツと赤玉ねぎは塩少々（分量外）でよくもみ、しばらくおく。水気を絞ってボウルに入れ、Aを混ぜ合わせて味をととのえる。

2. バーベキューポークを作る。豚ロース肉は1.5cmくらいの長さに切る。ボウルでBを混ぜ合わせてタレを作り、豚肉を入れて軽くもみ、5〜10分ほど漬け込んでおく。フライパンで豚肉をタレごと焼く。

□汁が出て味が薄くなってしまった場合は、少し煮詰めながらトマトケチャップ、とんかつソース、三温糖など（いずれも分量外）を加えて味をととのえます。

Step 2
〚 パンを並べる 〛

p.7ケーキイッチの作り方Step 2の食パンの切り方を参考に、食パンを直径16cmの型紙を使用して切り、皿に円形になるように並べる。

Step 3
〚 フィリングを挟む 〛

p.7ケーキイッチの作り方Step 3の1〜5を参考に、1段分作る。
□フィリングは、2のバーベキューポーク、1のコールスロー（150gくらい）の順にのせていきます。

Step 4
〚 デコレーション 〛

デコレーションクリームを全体に塗り、ラディッシュとイタリアンパセリを飾る。

Point
コールスローは作りやすい量で多めに作ってあるので、全部入れる必要はありません。豚肉は生姜焼き用（厚め）を使用しています。アップルサイダービネガー（りんご酢）はMAILLE（マイユ、a参照）、イエローマスタードはHEINZ（ハインツ、b参照）のものがおすすめです。

a

b

Super B.L.T. Cakewich

Creamed Spinach & Mushrooms Cakewich

Super B.L.T. Cakewich
スーパー B.L.T. ケーキイッチ

サンドイッチの定番B.L.T.ですが、何がスーパーかというと……超BIGサイズ！厚切りのパンとアップルスモークドベーコン、ロメインレタス、完熟トマトでボリューム満点に仕上げました。休日のブランチに、しっかり食べたいときに作ってほしいレシピです。

材料 [約W20×D18×H10cm 1台分]

食パン（全粒粉、6枚切り）--- 8枚
ポマードバター（p.6参照）--- 適量

□フィリング
アップルスモークドベーコン（ブロック）
　--- 250～300g
トマト --- 1個
ロメインレタス --- 正味100g
A ┌ アメリカンマヨネーズ --- 大さじ2
　├ にんにく（すりおろし）--- ½かけ
　├ アンチョビペースト --- 小さじ½
　├ パルミジャーノ・レッジャーノ --- 小さじ2
　└ 黒胡椒 --- 少々

□デコレーションクリーム
チーズクリーム（p.9参照）--- 基本量の2倍

□飾り用食材
リーフ類（ロメインレタス、ルッコラ、
　マスタードグリーンなど）、プチトマト（半分に切る）、
クルトン（市販）--- 各適量

作り方

Step 1
『 フィリングを作る 』

1．ベーコンは1～1.5cmの厚さに切り、熱したフライパンで油はひかずに両面こんがりと焼いておく。
2．トマトもベーコンと同じくらいの厚さの輪切りにし、種と水分をしっかり取っておく。
3．シーザーサラダを作る。ボウルにAの材料を混ぜ合わせ、2～3cm幅に切ったロメインレタスを加えてよく混ぜる。

Step 2
『 パンを並べる 』

食パンは耳を切り落としてきれいな四角形に切りそろえ、皿に4枚を四角形になるように並べる（p.6参照）。

Step 3
『 フィリングを挟む 』

p.7ケーキイッチの作り方Step 3の1～5を参考に、1段分作る。
□シーザーサラダ、ベーコン、トマトの順に全体に隙間なくのせていきます。

Step 4
『 デコレーション 』

デコレーションクリームを全体に塗り、仕上げにリーフ類、プチトマト、クルトンを飾る。

Point
アップルスモークドベーコンはコストコで購入できますが、手に入らなければ普通のベーコンでもOKです。レタスは洗うと水っぽくなるので、洗わずに食品用アルコール消毒をしてください。水分が多いケーキイッチなので、できるだけ早めに食べきってください。

Creamed Spinach & Mushrooms Cakewich

クリームド・スピナッチ＆マッシュルーム ケーキイッチ

Meal Cakewich
no_25

クリームド・スピナッチは、ほうれん草にホワイトソースをからめたもので、欧米では肉料理のつけ合わせとして人気です。バターソテーしたマッシュルームをプラスして、デコレーションにもリーフをふんだんに使い、野菜たっぷりのケーキイッチに仕上げました。

材料 [約W15×D18×H8㎝ 1台分]

- 食パン(ホワイト) --- 9枚
- ポマードバター(p.6参照) --- 適量

□ フィリング
- ほうれん草(3〜4cmの長さに切る) --- 250g
- にんにく(みじん切り) --- 1かけ
- 玉ねぎ(みじん切り) --- 120〜140g(約½個)
- バター --- 40g
- 小麦粉 --- 大さじ3
- A
  - 牛乳 --- 250ml
  - 生クリーム --- 大さじ1
  - ローリエ --- 1枚
- B
  - 塩・胡椒 --- 適量
  - クローブ(パウダー) --- 少々
  - 無添加コンソメ(顆粒) --- 少々
- マッシュルーム(5mm幅にスライス) --- 200g
- 塩・胡椒 --- 適量

□ デコレーションクリーム
- ポテトクリーム(p.9参照) --- 基本量

□ 飾り用食材
- ズッキーニ、ベビーリーフ、マッシュルーム(スライス)、ラディッシュ(スライス)、白エディブルフラワー、オニオンロースト --- 各適量

作り方

Step 1
〚 フィリングを作る 〛

1. クリームド・スピナッチを作る。鍋にバター20gを熱し、にんにくと玉ねぎを炒める。ほうれん草を加えてさらに炒め、塩・胡椒適量(分量外)をふる。小麦粉をふるい入れてしっかり炒めてからAを加え、とろみが出るまで少し煮て、Bで味をととのえる。ローリエを取り除いてからバットなどにあけ冷ましておく。

2. フライパンにバター20gを熱し、マッシュルームをさっと炒めて塩・胡椒で味つけする。

Step 2
〚 パンを並べる 〛

1. 食パンは3枚を半分に切る。
2. 皿に食パン2枚と半分に切ったパン2枚をW15×D18cmくらいの四角形になるように並べる。

Step 3
〚 フィリングを挟む 〛

p.7ケーキイッチの作り方Step 3の1〜5を参考に、2段分作る。
□フィリングは、クリームド・スピナッチ、マッシュルームの順にのせます。

Step 4
〚 デコレーション 〛

1. デコレーションクリームを全体に塗る。
2. 飾り用のズッキーニをケーキイッチの高さより少し長めに切り、薄くスライスして側面に縦にランダムに張りつけていく。ベビーリーフなどの飾り用食材を飾る。

Point
大きい四角形のものより一回り小さいサイズのケーキイッチです。上に散らすオニオンローストは、食べる直前にかけて。好みで、食パンを並べる前に軽くトーストし、食感にアクセントをつけてもOKです！

Mexican Cakewich
メキシカン ケーキイッチ

スパイシーな挽肉とワカモーレ（アボカドのディップ）、サルサ・メヒカーナ（メキシコ料理の定番ソース）のケーキイッチ。サワークリームも加えて食べやすくしました。バーベキューの前菜におすすめ。メキシコに旅した気分でコロナビールと楽しんで！

材料 [φ8cmの丸形4個分]

フラワー・トルティーヤ … 4枚

A
- トマト(種を取ってみじん切り) … 1個
- ピーマン(みじん切り) … 1個
- 玉ねぎ(みじん切り) … 1/4個
- にんにく(みじん切り) … 1かけ
- 青唐辛子(種を取ってみじん切り) … 2〜3本
- パクチー(みじん切り) … 1/2〜1束
- レモン汁 … 1/4個分
- エキストラバージンオリーブオイル … 大さじ3
- 穀物酢 … 小さじ1
- 三温糖 … 小さじ2〜3
- 塩・黒胡椒 … 適量

□ フィリング

B
- 合挽肉 … 200g
- 玉ねぎ(みじん切り) … 1/2個
- にんにく(みじん切り) … 1かけ
- トマトケチャップ … 大さじ4
- ブイヨン(固形) … 1個
- ローリエ … 1枚
- チリパウダー … 小さじ1/2〜1
- 塩 … 適量
- 黒胡椒 … 少々

C
- アボカド … 大3個(正味280g)
- にんにく(すりおろし) … 1/2〜1かけ
- レモン汁 … 大さじ2
- エキストラバージンオリーブオイル … 大さじ1
- チリパウダー … 少々
- 塩 … 適量

サワークリーム … 160g

□ 飾り用食材

シュレッドチーズ、パクチー … 各適量

作り方

Step 1
〚 フィリングを作る 〛

1. スパイシーミートを作る。フライパンに玉ねぎとにんにく、合挽肉を入れて火にかけ(油はひかない)、パラパラになるよう炒めて火を通していく。一度ザルにあげて出てきた脂をしっかり切り、再度フライパンに戻して残りのBで味つけする。
2. ワカモーレを作る。アボカドは皮と種を取り除いて、フォークなどで軽くつぶす。ボウルでCを混ぜ、必要であれば塩・胡椒(分量外)で味をととのえる。

Step 2
〚 パンを並べる 〛

直径8cmのセルクルを使って、トルティーヤを丸形にくりぬく。
□ トルティーヤ1枚につき約3枚とれます。

Step 3
〚 フィリングを挟む 〛

セルクルの中にトルティーヤ、スパイシーミート各1/4量、トルティーヤ、ワカモーレ各70g、トルティーヤ、サワークリーム各40gの順に平らに重ねていく。

Step 4
〚 デコレーション 〛

1. セルクルを外し、シュレッドチーズとパクチーを飾る。
2. Aの材料をボウルで混ぜてサルサ・メヒカーナを作り、好みの量かけていただく。

Point
パクチーはスペイン語でシラントロと呼ばれ、メキシコ料理にもよく使われます。サルサ・メヒカーナは日本で手に入りやすい食材で代用したレシピです。前日に作っておくと味が馴染んで美味しくなります。青唐辛子の代わりにハラペーニョを使ってもOK！

Meal Cakewich
no_26

Cupcake Style Cakewich
カップケーキスタイル ケーキイッチ

6種類のカラフルなフィリングをカップケーキの型に入れて、可愛く飾ったオープンスタイルのケーキイッチ。パーティーや家族での集まりにぴったりです。フィリングやパンなどを用意し、ゲストや子どもたちと一緒にデコレーションを楽しむのもおすすめ。

材料[マフィン型1台分]

食パン（全粒粉、8枚または10枚切り）--- 6枚
ポマードバター(p.6参照) --- 適量

〈 サーモン 〉
□フィリング
チーズクリーム(p.9参照)、サーモン --- 各適量
□飾り用食材
イタリアンパセリ --- 適量

〈 ツナマヨネーズ 〉
□フィリング
ツナマヨネーズ(p.41参照) --- 適量
□飾り用食材
うずらの卵、イタリアンパセリ --- 各適量

〈 エッグマヨ 〉
□フィリング
茹で卵フィリング(p.29参照) --- 適量
□飾り用食材
プチトマト、レタス --- 各適量

〈 パプリカマリネ 〉
□フィリング
チーズクリーム --- 適量
A│赤・黄パプリカ --- 各½個
　│白ワインビネガー --- 大さじ1
　│三温糖 --- 小さじ1
　│エキストラバージンオリーブオイル
　│　--- 小さじ1
□飾り用食材
イタリアンパセリ --- 適量

〈 シュリンプ＆コーン 〉
□フィリング
豆乳クリーム(p.9参照) --- 適量
小エビのフィリング(p.41参照) --- 適量
コーン(缶詰) --- 適量

〈 プロシュート＆マンゴー 〉
□フィリング
チーズクリーム、プロシュート(食べやすく切る)、
　マンゴー(約7mm角に切る) --- 各適量
□飾り用食材
フレッシュバジル --- 適量

作り方

Step 1
〚 フィリングを作る 〛
Aの材料でパプリカマリネを作る。パプリカはそれぞれラップに包んで、柔らかくなるまでレンジにかけてから氷水にとり、皮をむく。1cm幅に切り、Aのほかの材料を混ぜ合わせたものに漬け込む。

Step 2
〚 パンを並べる 〛
ポマードバターを塗った食パンをマフィン型に入れ、敷き詰めるように手で押してカップを作る。

Step 3
〚 フィリングを挟む 〛
フィリングを盛りつける。

Step 4
〚 デコレーション 〛
飾り用食材をそれぞれにのせる。

Point
フィリングはお好みで替えてください。ほかのページで紹介したケーキイッチのフィリングが余ったときに、アレンジして作るのもおすすめです。型にオーブンシートやライナー(カップケーキ用の紙カップなど)を敷くと、ケーキイッチが取り出しやすくなります。

Ham & Cheese Cakewich

ハム&チーズ ケーキイッチ

Meal Cakewich

no_28

ハムとチーズのシンプルなサンドイッチをデコレーションして、生ハムとサラダで美しく飾ったケーキイッチ。マスタードスプレッドがアクセントになった定番の美味しさは、誰にでも喜ばれます。白ワインやソフトドリンクなどどんな飲み物にも合わせやすいレシピ。

材料 [φ約16cmの丸形1台分]

食パン（ホワイト）… 12枚
ポマードバター(p.6参照) … 適量
□フィリング
ホワイトボンレスハム … 約300g
ゴーダチーズ（約3〜5mmの厚さに切る）… 約200g
マスタードスプレッド … 大さじ3〜4
□デコレーションクリーム
チーズクリーム(p.9参照) … 基本量の約1.5倍
□飾り用食材
ベビーリーフ … 適量
生ハム … 適量

作り方

Step 1
〚 フィリングを作る 〛
p.6ケーキイッチの作り方Step 1を参照。

Step 2
〚 パンを並べる 〛
p.7ケーキイッチの作り方Step 2の食パンの切り方を参考に、食パンを直径16cmの型紙を使用して切り、皿に円形になるように並べる。

Step 3
〚 フィリングを挟む 〛
p.7ケーキイッチの作り方Step 3の1〜5を参考に、2段分作る。
□フィリングは、まずマスタードスプレッドをパンの表面全体に広げ、ホワイトボンレスハム、ゴーダチーズの順でまんべんなく並べていきます。

Step 4
〚 デコレーション 〛
1. p.7ケーキイッチの作り方Step 4の1〜3を参照。
2. 仕上げにベビーリーフと花のように巻いた生ハムを飾りつけます。

Point
シンプルなレシピなので、材料は美味しいものを選びましょう。マスタードスプレッドはマヨネーズとマスタードがブレンドされた「MAILLE（マイユ・ディジョネーズ」(a参照)がおすすめ。手に入らないときは、アメリカンマヨネーズとディジョンマスタードを混ぜ合わせたものでも代用可能です。

a

Bouquet
ブーケアレンジ

ハム&チーズのケーキイッチがブーケに大変身！ フリルレタス、チコリ、テット・ド・モワンヌ（スイスのチーズ）で色鮮やかなグリーンのブーケにデコレーションします。華やかなデザインなので、人が集まるパーティーやおもてなしにぜひ作ってみてください。

材料 [約W33×D20×H8cmの花束形]
「ハム&チーズ ケーキイッチ」(p.68)の
　飾り用食材以外の材料
□ 飾り用食材
フリルレタス、グリーンリーフ、チコリ、
　あさつき --- 各適量
テット・ド・モワンヌ（a参照）--- 適量

作り方
ハム&チーズ ケーキイッチの *Step 3* まで同様の手順で作る。
□ 真ん中を高くするように具材をのせてドーム形にします。

[デコレーション]

1. デコレーションクリームを全体に塗り、クリームが乾かないうちにリーフやチーズ等を張りつけ、ブーケのように飾っていく。

□ チコリなどがうまく接着できない場合は、極細ワイヤーでとめるときれいに仕上がります（ただし、食べるときに注意してください）。

2. あさつきは麻ひもで縛ってから適した長さに切り、ブーケの下側に組み合わせて花束のような形を作る。

Point
テット・ド・モワンヌは、専用の削り器で花びら形に削ることができるスイスチーズです。専門店で削ったものが売られていますが、手に入らないときはエディブルフラワーで代用しても可愛くできます。

a

Part 2

Sweet
Cakewich

◆◆◆

食後のデザートやお茶のおともにぴったりの甘い
ケーキイッチ。食パンでフィリングを挟むという
作り方なので、一般的なケーキのようにスポンジ
生地を作る手間が省ける、「お手軽スイーツ」です。

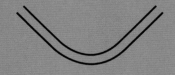

Marmalade & Earl Grey Cakewich

マーマレード&アールグレイ ケーキイッチ

午後のティータイムに紅茶と一緒に楽しんでもらいたいケーキイッチ。アールグレイ風味のカスタードクリームとマーマレードジャムに、刻んで入れたオレンジコンフィでオレンジの爽やかな香りと味をプラスしました。マーマレード好きにはたまらない一品。

Sweet Cakewich
no_1

材料 [φ約16cmの丸形1台分]

食パン(ホワイト) --- 12枚
ポマードバター(p.6参照) --- 適量

□フィリング
マーマレードジャム --- 80g
オレンジコンフィ(細かく刻む) --- 30g
A | 紅茶葉(アールグレイ) --- 大さじ1(約10g)
　| 卵黄 --- 3個分
　| グラニュー糖 --- 45g
　| 薄力粉 --- 25g
　| 牛乳 --- 300mℓ
　| バニラビーンズ(中身をこそげ取る) --- ½本
　| バター(食塩不使用) --- 15g
　| 紅茶リキュール --- 大さじ1

□デコレーションクリーム
クリームチーズ --- 200g
粉糖 --- 大さじ4
生クリーム(35%) --- 80mℓ

□飾り用食材
オレンジコンフィ(一部を半分に切る) --- 4~5枚
生ヘーゼルナッツ(皮つき、粗く刻む) --- 適量
B | マーマレード --- 大さじ1
　| レモン汁 --- 小さじ½
　| 水 --- 小さじ½

作り方

Step 1
〚 フィリングを作る 〛

1. Aの材料でアールグレイカスタードクリームを作る。ボウルに卵黄とグラニュー糖を入れ、泡立て器で白っぽくなるまで混ぜたら、薄力粉をふるい入れて混ぜる。
2. 小鍋に紅茶葉、牛乳、バニラビーンズを入れ、沸騰直前まで温めて火を止め、紅茶の香りが移るまで約5分おく。
3. 茶葉をこしながら1のボウルに少しずつ加え、再度小鍋に戻して火にかける。もったりとしたクリームになるまで絶えずかき混ぜながら沸騰させる。火からおろし、バターを加えて混ぜる。バットなどに移して冷蔵庫で冷やす。
4. 使う直前に紅茶リキュールを加え、なめらかになるまで混ぜる。

Step 2
〚 パンを並べる 〛

p.7ケーキイッチの作り方Step 2の食パンの切り方を参考に、食パンを直径16cmの型紙を使用して切り、皿に円形になるように並べる。

〚 デコレーションクリームを作る 〛

p.9シュガーチーズクリームの作り方参照。
□ただし、生クリームは8分立てにして加えます。

Step 3
〚 フィリングを挟む 〛

p.7ケーキイッチの作り方Step 3の1~5を参考に、2段分作る。
□フィリングは、まずマーマレード½量を塗り、次にアールグレイカスタードクリーム100gをのせ(絞り袋に入れて絞り出すと広げやすい)、オレンジコンフィ15gを全体に散らします。

Step 4
〚 デコレーション 〛

1. Bを混ぜてマーマレードソースを作っておく。
2. デコレーションクリームを全体に塗り、仕上げにオレンジコンフィとヘーゼルナッツをラフに飾る。
□ヘーゼルナッツはフライパンで軽く煎って香ばしく仕上げてもOK。
3. マーマレードソースをかける。

Point
紅茶リキュールはTiffin Tea Liqueur(a参照)がおすすめ。

a

Banoffee Pie Cakewich
バノフィーパイ ケーキイッチ

英国人の大好物バノフィーパイ。バナナ＋トフィー＝バノフィーの組み合わせにハマる人が多いのです。トフィーは英国中で人気のフレーバーですが、黒糖とコンデンスミルクを使い簡単なレシピにしました。濃いめのコーヒーとよく合うデザートです。

Sweet Cakewich
no_2

材料 [約W18×D20×H6cm 1台分]

- 食パン(ホワイト) --- 12枚
- ポマードバター(p.6参照) --- 適量

□ フィリング
- バナナ --- 4～5本
- A
  - バター --- 100g
  - 黒糖(粉末) --- 100g
  - コンデンスミルク --- 360g
  - 生クリーム(35%) --- 50ml

□ デコレーションクリーム
- 生クリーム(35%) --- 300ml
- グラニュー糖 --- 大さじ2

□ 飾り用食材
- バナナ(約5mm幅の輪切り) --- 1本
- ビスケット(砕く) --- 6～7枚
- トフィーソース(Aのできあがりから一部を利用) --- 適量

作り方

Step 1
〚 フィリングを作る 〛

1. Aの材料でトフィーソースを作る。小鍋にバターと黒糖を入れて弱火にかけ、かき混ぜながら黒糖を溶かしてよくなじませる。コンデンスミルクを加えて中火～強火にし、かき混ぜながら少しだけ煮る。最後に生クリームを加え混ぜたら火を止め、バットなどに移し冷ましておく。
2. バナナは幅約5mmに斜めにスライスし、変色しないようレモン汁少々(分量外)をふりかけておく。

Step 2
〚 パンを並べる 〛

皿に食パン4枚を四角形になるように並べる(p.6参照)。

Step 3
〚 フィリングを挟む 〛

p.7ケーキイッチの作り方Step 3の1～5を参考に、2段分作る。
□フィリングは、まず1のトフィーソースを約100g塗り、その上に2のバナナを隙間なく並べます。

Step 4
〚 デコレーション 〛

1. 生クリームとグラニュー糖をボウルに入れて、氷水にあてながら8分立てに泡立て、全体に塗る。
2. 飾り用のバナナ、ビスケットを飾り、トフィーソースを絞り袋に入れてかける。

Point
仕上げのトフィーソースは、中にも入っているので甘くなりすぎないようのせる量を加減しましょう。作ってから時間がたって硬くなってしまったら、電子レンジで温め直して柔らかくすればOK！ ビスケット(マクビティダイジェスティブビスケット、a参照)のサクサクとした食感を楽しむために、飾り用食材は食べる直前にのせてください。

a

Spicy Nuts Cakewich

Spicy Nuts Cakewich
スパイシーナッツ ケーキイッチ

ミックスしたスパイスが香るナッツのケーキイッチ。デコレーションのクリームチーズにもシナモンを加えているので、カリカリしたナッツの美味しさが引き立ってクセになる味です。紅茶、チャイ、コーヒーのほか、ワインなどのお酒ともよく合う個性派のレシピ。

材料 [φ約16cmの丸形1台分]

食パン（ホワイト）--- 12枚
ポマードバター（p.6参照）--- 適量

◻︎フィリング

A │ ミックスナッツ --- 100g
  │ アーモンドスライス --- 20g

B │ グラニュー糖 --- 45g
  │ バター --- 30g
  │ 生クリーム --- 30㎖
  │ はちみつ --- 15g

C │ シナモン（パウダー）--- 8ふり
  │ ジンジャー（パウダー）--- 4ふり
  │ ナツメグ（パウダー）--- 4ふり
  │ クローブ（パウダー）--- 1ふり

生クリーム（35%）--- 100g
グラニュー糖 --- 大さじ1

◻︎デコレーションクリーム

クリームチーズ --- 200g
粉糖 --- 大さじ3
生クリーム（35%）--- 大さじ1
シナモン（パウダー）--- 小さじ¼

◻︎飾り用食材

スパイシーナッツ
（フィリングのできあがりから一部を利用）--- 適量

作り方

Step 1
〚 フィリングを作る 〛

1. スパイシーナッツを作る。小鍋にBを入れて火にかけ、かき混ぜながらキャラメル色になるまで加熱する。Cを入れて混ぜ、Aを加えてよくからむように手早く混ぜてから、オーブンシートを敷いたバットなどに広げ、冷ます（少し冷めてきたら、手でナッツを一つひとつ離しておくときれいに固まる）。冷めて固まったら、半量を麺棒などで叩いて細かく砕く。
◻︎残りの半量は飾り用にそのままとっておきます。

2. ホイップクリームを作る。ボウルに生クリームとグラニュー糖を入れ、氷水にあてながら8分立てまで泡立てる。

Step 2
〚 パンを並べる 〛

p.7ケーキイッチの作り方Step 2の食パンの切り方を参考に、食パンを直径16cmの型紙を使用して切り、皿に円形になるように並べる。

Step 3
〚 フィリングを挟む 〛

p.7ケーキイッチの作り方Step 3の1〜5を参考に、2段分作る。
◻︎フィリングは、ホイップクリームを厚めにのせ、その上にスパイシーナッツ適量を全体に散らします。

Step 4
〚 デコレーション 〛

1. デコレーションクリームを作る。p.9のシュガーチーズクリームの作り方を参照して作り、最後にシナモンを加え混ぜる。

2. デコレーションクリームを全体に塗り、フィリング1でとっておいたスパイシーナッツを飾る。

Point
スパイス類は好みで量を加減してもいいのですが、シナモン2：ジンジャー1：ナツメグ1の割合は変えないでください。クローブは香りが強いので少量にしておきましょう。

Lemon Cakewich
レモン ケーキイッチ

英国伝統のスプレッド「レモンカード」を使った爽やかな風味のケーキイッチ。英国王室御用達、ウィルキンソン＆サンズのTIP TREEレモンカード（a参照）なら、より本場の味わいになるのでおすすめです。もちろん、美味しい紅茶と一緒にどうぞ！

Sweet Cakewich
no_4

材料 [約W5×D4.5×H5cm 4個分]
食パン（ホワイト）--- 3枚
◻︎フィリング
レモンカード（市販）--- 適量
ビスケット --- 8枚
◻︎デコレーションクリーム
ヨーグルトクリーム（p.9参照）--- 基本量
◻︎飾り用食材
レモンの皮 --- 10g
A｜グラニュー糖 --- 大さじ1
　｜レモン汁 --- 大さじ1
　｜水 --- 大さじ1

作り方

Step 1
〚 フィリングを作る 〛
フィリングの材料を用意する。

Step 2
〚 パンを並べる 〛
食パンを4等分に切り、皿に1切れずつのせる。

Step 3
〚 フィリングを挟む 〛
p.7ケーキイッチの作り方Step 3の2〜5を参考に、2段分作る。
◻︎フィリングは、ポマードバターではなくレモンカードを厚めに塗り、その上にビスケット1枚をのせます。パンからはみ出したビスケットは切り落としてください。

Step 4
〚 デコレーション 〛
1. レモンの皮をピーラーで薄く削り、極細に切る。小鍋に入れ、Aを加えて汁気がほとんどなくなるまで柔らかく煮る。
2. デコレーションクリームを全体に塗る。仕上げに1のレモンの皮を飾る。
◻︎冷蔵庫で冷やしすぎず早めに食べたほうがビスケットのサクサク感を楽しめます。

Point
ひと口サイズが可愛いのですが、小さく作るのが面倒な場合は、パンをカットせず大きく作ってもOK。レモンカードは、レモン果汁とバター、卵、砂糖を煮詰めて作る英国伝統の濃厚なスプレッドです。ビスケットは「マクビティダイジェスティブビスケット」（p.75参照）がおすすめです。

a

Chocolate Spread & Banana Cakewich
チョコレートスプレッド & バナナ ケーキイッチ

Sweet Cakewich
no_5

子どものおやつにもぴったりのケーキイッチ。チョコレートスプレッドはイタリアの「ヌテラ」(a参照)を使用しています。ヘーゼルナッツ風味で、ヨーロッパ各国で大人気の味。食パンにそのまま塗って食べても美味しい、パンによく合うスプレッドです。

材料 [約W9×D20×H6.5cmの長方形1台分]

食パン(ホワイト) --- 8枚
ポマードバター(p.6参照) --- 適量

◻︎ **フィリング**
バナナ --- 3本
チョコレートスプレッド --- 約100g

◻︎ **デコレーションクリーム**
クリームチーズ --- 200g
チョコレートスプレッド --- 50g

◻︎ **飾り用食材**
ローストくるみ(粗く刻む) --- 適量
チョコレート(ピーラーで削る) --- 適量

作り方

Step 1
〚 フィリングを作る 〛
バナナは斜めに5〜7mm幅にスライスし、変色しないようレモン汁少々(分量外)をふりかけておく。

Step 2
〚 パンを並べる 〛
皿に食パン2枚を長方形になるように並べる。

Step 3
〚 フィリングを挟む 〛
p.7ケーキイッチの作り方Step 3の1〜5を参考に、3段分作る。
◻︎フィリングは、ポマードバターではなくチョコレートスプレッドを約⅓量塗り、その上にバナナを隙間なく並べます。

Step 4
〚 デコレーション 〛
1. デコレーションクリームの材料をボウルに入れ、よく混ぜ合わせる(ダマにならないよう注意)。
2. デコレーションクリームを全体にラフに塗る。
3. くるみとチョコレートを飾る。

Point
飾り用のチョコレートはお好きな板チョコをピーラーで削ったものでOKです。チョコレートスプレッドは必ずヌテラ(nutella)を使ってみてください。ほかのチョコレートスプレッドとは味が違います。

a

Tiramisu Cakewich
ティラミス ケーキイッチ

イタリアのデザートといえばこれ！ のティラミスをアレンジ。通常はフィンガービスケットなどで作りますが、食パンなので甘すぎない軽めのデザートになります。セルクルで作る一人分のミニケーキイッチ。ディナー後にエスプレッソと一緒に楽しんで。

Sweet Cakewich
no_6

材料 [φ8×H5cmの丸形4個分]

食パン（ホワイト）--- 12枚

◻ **フィリング**

A｜エスプレッソ --- 50㎖
　｜グラニュー糖 --- 大さじ1
　｜ラム酒 --- 小さじ1

マスカルポーネクリーム（p.9参照）--- 基本量

卵白 --- 1個分

◻ **飾り用食材**

ココアパウダー、ミント --- 各適量

作り方

Step 1
〚 **フィリングを作る** 〛

1. Aの材料をボウルでよく混ぜてコーヒー液を作る。
2. ボウルに卵白を入れて泡立て器でしっかりとした硬いメレンゲを作る。マスカルポーネクリームとさっくりと混ぜ合わせる。

Step 2
〚 **パンを並べる** 〛

直径8cmのセルクルを使って、食パンを丸形にくりぬく。

Step 3
〚 **フィリングを挟む** 〛

1. 食パンの両面にコーヒー液をハケでしみ込ませるように塗る。
2. 皿にセルクルを置き、中に1のパン、フィリング2のクリーム（約1cmの厚さに）、1のパン、フィリング2のクリーム（約1cmの厚さに）、1のパンの順で重ねていく。
3. 冷蔵庫で1時間以上冷やし、クリームを落ち着かせる。

Step 4
〚 **デコレーション** 〛

上面にココアパウダーをふりかけ、セルクルを外す。ミントを飾る。

Point
エスプレッソがなければ、インスタントコーヒーを濃いめにお湯で溶いたもので代用できます。コーヒー液をハケで塗ることで、液がしみ込みすぎてパンが破れるのを防ぐことができます。柔らかいケーキイッチなので、必ずセルクルの中で組み立ててください。

Dark Cherry Cakewich
ダークチェリー ケーキイッチ

Sweet Cakewich
no_7

ドイツの伝統菓子「シュヴァルツヴェルダー・キルシュトルテ(黒い森のサクランボ酒ケーキ)」をイメージしたミニケーキイッチ。デコレーションのクリームチーズは、ダークチェリーのピュレを加えて可愛いピンク色に。ティータイムのおもてなしにどうぞ。

材料 [φ8×H6cmの丸形3個分]

食パン(ホワイト) --- 9枚
ポマードバター(p.6参照) --- 適量
□フィリング
ダークチェリー(缶詰、汁気を切る) --- 170g
チョコレート(細かく刻む) --- 30g
A｜ダークチェリー(缶詰、汁気を切る) --- 50g
　｜ダークチェリー(缶詰)のシロップ
　｜　(捨てずにとっておく) --- 大さじ½
生クリーム(35%) --- 100mℓ
グラニュー糖 --- 大さじ1
□デコレーションクリーム
シュガーチーズクリーム(p.9参照) --- 基本量
ダークチェリーピュレ
　(Aのできあがりから一部を利用) --- 大さじ1
□飾り用食材
ダークチェリー(缶詰、汁気を切る) --- 3個
ミント --- 3枚

作り方

Step 1
〘 フィリングを作る 〙

1. Aの材料をミルミキサーにかけ、ピュレ状になるまで回す。
□このダークチェリーピュレはデコレーションクリームにも使うので大さじ1を別にとっておきます。
2. ボウルに生クリームとグラニュー糖を入れて氷水にあてながら8分立てまで泡立てる。1を大さじ1加えて混ぜ、ダークチェリークリームを作る。

Step 2
〘 パンを並べる 〙

直径8cmのセルクルを使って、食パンを丸形にくりぬいておく。

Step 3
〘 フィリングを挟む 〙

p.7ケーキイッチの作り方Step 3の2〜5を参考に、2段分作る。
□フィリングは、ダークチェリークリームをまんべんなくのせた上にダークチェリー約5個を大きめにちぎって並べ、チョコレート適量を散らします。

Step 4
〘 デコレーション 〙

1. デコレーションクリームを作る。シュガーチーズクリームの生クリームの代わりに、フィリングの作り方1のダークチェリーピュレ大さじ1を加え、よく混ぜ合わせる。
2. デコレーションクリームを全体に塗る。
3. ダークチェリーとミントを飾る。好みで粉糖(分量外)をふる。

Point
ダークチェリーはS&Wダークスイートチェリー・シロップづけ(ヘビー)を使用しています。チョコレートはアクセントに感じる程度にしたいので入れすぎに注意! ハニー&アーモンドのカリカリ食感が残る「トブラローネ ミルク」(ハニー&アーモンド入り、a参照)のチョコレートがおすすめですが、手に入らなければ好みのもので代用してください。

a

Orange & Grapefruits Cakewich
オレンジ&グレープフルーツ ケーキイッチ

オレンジとグレープフルーツをメインに使った、夏にぴったりのケーキイッチです。シトラスフルーツとカスタードクリームの組み合わせは、甘すぎず爽やかな風味でリピート必至の美味しさ。アイスティーとよく合うので、暑い日のティータイムにいかがでしょう。

材料 [約W20×D9×H8cm 1台分]

- 食パン(ホワイト) --- 10枚
- ポマードバター(p.6参照) --- 適量

□フィリング
- オレンジ --- 5個(飾り用含む)
- グレープフルーツ(ホワイト) --- 3個(飾り用含む)
- A
  - 卵黄 --- 3個分
  - 牛乳 --- 250ml
  - グラニュー糖 --- 45g
  - 薄力粉 --- 25g
  - バニラビーンズ(中身をこそげ取る) --- 1/2本
  - バター(食塩不使用) --- 15g

□デコレーションクリーム
- シュガーチーズクリーム(p.9参照) --- 基本量の1.5倍

□飾り用食材
- オレンジ --- 6房
- グレープフルーツ(ホワイト) --- 6房
- ミント --- 6〜7枚

作り方

Step 1
[フィリングを作る]

1. オレンジとグレープフルーツはカルチェ(果肉部分のみ小房)にとり、ペーパータオルなどでしっかりと水気を拭き取る。
□飾り用に形がそろったきれいなものを6房ずつとっておきます。

2. Aの材料でカスタードクリームを作る。ボウルに卵黄とグラニュー糖を入れ、泡立て器で白っぽくなるまで混ぜたら、薄力粉をふるい入れて混ぜる。

3. 小鍋に牛乳とバニラビーンズを入れて火にかけ、沸騰直前まで温めて2に少しずつ加える。

4. 3を小鍋に戻して火にかける。もったりとしたクリームになるまで絶えずかき混ぜながら沸騰させる。

5. 火からおろし、バターを加えて混ぜる。バットなどに移して冷蔵庫で冷やす。
□カスタードクリームは使う前にヘラでなめらかになるまで混ぜます。

Step 2
[パンを並べる]

皿に食パン2枚を長方形になるように並べる。

Step 3
[フィリングを挟む]

p.7ケーキイッチの作り方Step 3の1〜5を参考に、4段分作る。
□1段目はカスタードクリームをまんべんなくのせた上にオレンジを隙間なく並べます。同じ手順で、2段目はグレープフルーツ、3段目はオレンジ、4段目はグレープフルーツを挟みます。

Step 4
[デコレーション]

1. デコレーションクリームを全体に塗る。
2. デコレーションクリームの一部を星形口金つき絞り袋に入れ、上面の四辺を縁取るように絞り出す。
3. オレンジとグレープフルーツを交互に並べ、ミントを飾る。

Point
バレンシア産オレンジとフロリダ産グレープフルーツがおすすめ。房ごとに大きさが違うので、そのままではきれいな層になりません。フィリング用のフルーツは、厚さがそろうよう平らに切るのがコツです。

Granola Berry Cakewich
グラノーラベリー ケーキイッチ

グラノーラは、もともとNYでサナトリウムの患者のために作られた健康食。近年ナッツやドライフルーツも加わった食べやすいものが増えて日本でも人気があります。そのグラノーラをベリーと合わせてケーキイッチにアレンジ。グラノーラの食感も味のポイント。

材料 [約W10×D8.5×H6cmの三角形3個分]

食パン(ホワイト) --- 約5枚
ポマードバター(p.6参照) --- 適量
◻ フィリング
いちご --- 10〜15粒
生クリーム(35%) --- 150ml
グラニュー糖 --- 大さじ1½
◻ デコレーションクリーム
ヨーグルトクリーム(p.9参照) --- 基本量
◻ 飾り用食材
グラノーラ(市販)、いちご(約5mm角に切る)、
　レッドカラント(赤すぐり、冷凍) --- 各適量
粉糖 --- 25g
水 --- 小さじ1

作り方

Step 1
〚 フィリングを作る 〛
1. いちごは約5mm幅にスライスして、ペーパータオルなどで水気を拭き取る。
2. ボウルに生クリームとグラニュー糖を入れ、氷水にあてながら8分立てまで泡立てる。

Step 2
〚 パンを並べる 〛
食パンは三角形になるよう半分に切る。

Step 3
〚 フィリングを挟む 〛
p.7ケーキイッチの作り方Step 3の2〜5を参考に、2段分作る。
◻ フィリングは、2のホイップクリームを厚めにのせ、その上にいちごを並べます。

Step 4
〚 デコレーション 〛
1. デコレーションクリームを塗り、1時間ほど冷蔵庫で冷やす。
2. グラノーラ、いちご、レッドカラントを飾る。
3. 粉糖と水を混ぜてアイシングクリームを作り、絞り袋に入れて絞り出す。

Point
フィリングのグラニュー糖の分量はお好みで加減してください。グラノーラはカルビーの「フルグラ」がおすすめです。サクサクした食感を残したいので、食べる直前に飾りつけてください。

Cookie & Cream Cakewich

クッキー＆クリーム ケーキイッチ

根強い人気のあるクッキー、オレオ®を使ったミニケーキイッチ。隠し味にアメリカンチェリーとチョコを刻んで入れてあるので、飽きない美味しさです。トッピングにもミニオレオを飾って仕上げました。コーヒーやココア、ミルクティーとも合う冷たいスイーツです。

材料 [約 W5×D4.5×H5cm 8個分]

食パン（ホワイト）--- 4枚

◻ フィリング

オレオ（クリーム部分を取り除く）--- 8枚

A｜クリームチーズ --- 100g
　｜粉糖 --- 10g
　｜レモン汁 --- 大さじ½
　｜ホワイトチョコレート（5mm角に切る）--- 15g
　｜アメリカンチェリー（種を取り5mm角に切る）--- 20g
　｜生クリーム（35%）--- 20ml
　｜オレオ（クリーム部分を取り除く）--- 20g（約3枚分）

◻ 飾り用食材

ホイップクリーム --- 約大さじ1
ミニオレオ --- 8個
ミント --- 8枚

作り方

Step 1
〚 フィリングを作る 〛

1. Aの材料でオレオチーズクリームを作る。ボウルにクリームチーズを入れ柔らかくなるまで練り、粉糖、レモン汁を加え混ぜる。生クリームを8分立てにして混ぜる。

◻ 泡立てた生クリームは、飾り用に大さじ1程度とっておきます。

2. 粗に砕いたオレオ、チェリー、ホワイトチョコレートも加えてさっくりと混ぜ合わせる。

3. 2をオレオ2枚でサンドし、冷凍庫に15分以上入れて冷やす。

◻ 冷蔵庫ではクッキーが柔らかくなってしまうので、必ず冷凍庫で急冷してください。

Step 2
〚 パンを並べる 〛

食パンは十字に4等分に切る。

Step 3
〚 フィリングを挟む 〛

冷凍庫で冷やしたフィリング3を食パンでサンドする。

Step 4
〚 デコレーション 〛

飾り用にとっておいたホイップクリームをのせ、ミニオレオとミントを飾る。

Point

フィリング用のフルーツはお好みのもので代用OKですが、水分の少ないもの（ベリー系など）がおすすめです。ホワイトチョコレートはハーシーズ「クッキー＆クリーム」を使用しています。取り除いたオレオのクリームはお菓子作りなどにお使いください。

Green Tea & Azuki Beans Cakewich
グリーンティー&あずき ケーキイッチ

Sweet Cakewich
no_11

抹茶味のマスカルポーネとあずきの甘さが相性抜群。甘酸っぱいラズベリーがアクセントになってひと味違うデザートに。スティックサイズの外見も可愛いミニケーキイッチ。抹茶や日本茶と一緒に和のデザートとして楽しんで。小さく持ち運びやすいのでお土産にも。

材料 [約W10×D3×H5cm 4個分]

食パン(ホワイト) --- 4枚
ポマードバター(p.6参照) --- 適量

□フィリング
茹であずき(缶詰) --- 80g
ラズベリー --- 20〜30個

A | マスカルポーネクリーム(p.9参照) --- 基本量の1/2
  | 抹茶 --- 大さじ1/2
  | 湯 --- 大さじ1
  | 生クリーム(35%) --- 50mℓ

□デコレーションクリーム
抹茶マスカルポーネクリーム
(Aのできあがりから一部を利用) --- 適量

□飾り用食材
抹茶 --- 適量
ラズベリー --- 4個

作り方

Step 1
〚 フィリングを作る 〛

Aの材料で抹茶マスカルポーネクリームを作る。抹茶を湯で溶き、マスカルポーネクリームに加える。8分立てにした生クリームも加えて、さっくり混ぜ合わせる。

Step 2
〚 パンを並べる 〛

食パンは1枚を横に3等分に切り、皿に1枚ずつ置く。

Step 3
〚 フィリングを挟む 〛

1. p.7ケーキイッチの作り方Step 3の2〜5を参考に、2段分作る。

□フィリングは、あずき10gを塗り、ラズベリーを2〜3個半分にちぎって隙間なく並べる。その上に抹茶マスカルポーネクリーム小さじ2くらいをふんわりとのせる。

2. 同様に3個分作る。

Step 4
〚 デコレーション 〛

デコレーションクリームを全体に塗る。ラズベリーを飾り、抹茶をふりかける。

Point
抹茶は上質で香りのいいものを選んでください。抹茶によって味や色が変わるので、分量は加減してください。マスカルポーネクリームは気温が高いと分離しやすいので、よく冷やして使うか、氷水にあてながら作業してください。

Piña Colada Cakewich
ピニャ・コラーダ ケーキイッチ

プエルトリコ発祥のカクテル「ピニャ・コラーダ」をケーキイッチにアレンジ！ ラム酒の香りとココナッツ風味が夏にぴったりです。コリンズグラスに入れてライムを飾り、カクテル風に。ちょっと変わったデザートを作りたくなったら、ぜひ挑戦してほしいレシピ。

Sweet Cakewich
no_12

材料
[φ5.5×H15cmのコリンズグラス3個分]

食パン（ホワイト） --- 9枚

□ フィリング
パイナップル（缶詰） --- 12枚
ココナッツパウダー --- 適量
A｜卵黄 --- 3個分
　｜牛乳 --- 250mℓ
　｜グラニュー糖 --- 45g
　｜薄力粉 --- 25g
　｜バニラビーンズ（中身をこそげ取る） --- ½本
　｜バター（食塩不使用） --- 15g
　｜ホワイトラム酒 --- 大さじ1½
ヨーグルトクリーム（p.9参照） --- 約90g

□ デコレーションクリーム
ヨーグルトクリーム --- 基本量

□ 飾り用食材
パイナップル --- 6切れ
ライム --- 3切れ
ミント --- 3枚

作り方

Step 1
〚 フィリングを作る 〛

1. パイナップルは汁気を切り、それぞれ約10等分になるよう切る。
2. Aの材料でカスタードクリームを作る（p.87のStep 1の2～5参照）。ホワイトラム酒は使う前に加え、なめらかになるまで混ぜる。

Step 2
〚 パンを並べる 〛

食パンはコリンズグラスを使って小さな丸形に9枚くりぬいておく。
□コリンズグラスより少し小さめに切っておくと入れやすくなります。

Step 3
〚 フィリングを挟む 〛

コリンズグラスに、パン1枚、カスタードクリーム、パイナップル（カスタードの中に数個埋め込む）、ヨーグルトクリーム、パイナップル（層になるようぎっしり1枚分程度）、ココナッツパウダー（2～3つまみ）の順で重ねていく。
□同じ工程を繰り返し、3段目まで作ります。

Step 4
〚 デコレーション 〛

最後の段はヨーグルトクリームのあと、パイナップル、ミント、ライムを飾りつけ、上からココナッツパウダーをふりかける。

Point
クリーム類は絞り袋に入れてきれいな層になるよう絞り出します。カスタードとヨーグルトのダブルクリームなので、甘さを控えめにしたい方は、ヨーグルトクリームの粉糖を5gくらい減らしてください。